MANAGER SON ÉQUIPE AU QUOTIDIEN

Éditions d'Organisation
1, rue Thénard
75240 Paris Cedex 05
Connectez-vous sur notre site :
www.editions-organisation.com

Chez le même éditeur

- Diridollou B., Vincent C.,
  Le client au cœur de l'organisation

Cette nouvelle édition reprend le livre précédemment paru sous le titre *L'encadrement de proximité*.

Le code de la propriété intellectuelle du 1er juillet 1992 interdit en effet expressément la photocopie à usage collectif sans autorisation des ayants droit. Or, cette pratique s'est généralisée notamment dans l'enseignement, provoquant une baisse brutale des achats de livres, au point que la possibilité même pour les auteurs de créer des œuvres nouvelles et de les faire éditer correctement est aujourd'hui menacée.
En application de la loi du 11 mars 1957, il est interdit de reproduire intégralement ou partiellement le présent ouvrage, sur quelque support que ce soit, sans autorisation de l'Éditeur ou du Centre Français d'Exploitation du Droit de Copie,20 rue des Grands-Augustins, 75006 Paris.

© Éditions d'Organisation, 1995, 2000
ISBN : 2-7081-2469-2

Bernard DIRIDOLLOU

MANAGER SON ÉQUIPE AU QUOTIDIEN

Deuxième édition

Du même auteur

- *Réussissez vos entretiens professionnels*, Coll. Guides pratiques pour l'encadrement ESF Éditeur, 1992

- En collaboration avec Bénédicte Gautier, *Vocabulaire du management*, Coll. Guides pratiques pour l'encadrement, ESF Éditeur, 1991

- En collaboration avec C. Vincent, *Le client au cœur de l'organisation*, Éditions d'Organisation, 1997

L'ouvrage en une page

Introduction, 11

Organiser et accompagner le travail de son équipe, 17

1 • Clarifier les règles du jeu et définir les fonctions, 19

2 • Fixer les objectifs, négocier les moyens, 37

3 • Suivre et contrôler, traiter les erreurs, 49

4 • Évaluer les résultats et apprécier les performances, 63

5 • Adresser une critique et gérer les conflits, 81

Entretenir avec son équipe des relations positives, 103

6 • Informer pour donner du sens à l'action, 105

7 • Déléguer en confiant des missions, 117

8 • Organiser sa disponibilité pour mieux écouter et mieux communiquer, 129

9 • Soutenir la motivation sans pouvoir augmenter les salaires, 147

10 • Développer le rôle pédagogique de l'encadrement, 187

Conclusion, 199

Bibliographie, 201

*Tous mes remerciements à Annie Jacques,
mon assistante, pour sa célérité et son efficacité.*

Sommaire

Introduction – Du discours à la réalité 11

*Organiser et accompagner
le travail de son équipe*

**1 • Clarifier les règles du jeu et définir
les fonctions** **19**
  1 – Clarifier les règles du jeu 19
  2 – Pourquoi définir les fonctions ? 24
  3 – Comment définir les fonctions ? 26

**2 • Fixer les objectifs, négocier
les moyens** **37**
  1 – Différences et liens entre objectifs et missions
     principales 37
  2 – Pour une formulation claire des objectifs 41
  3 – Les objectifs qualitatifs 42
  4 – Les trois catégories d'objectifs 43
  5 – Les phases clés de la négociation 45

3 • Suivre et contrôler, traiter les erreurs **49**
  1 – Les intérêts du contrôle du point de vue
     de la hiérarchie 52
  2 – Les intérêts du contrôle du point de vue
     du collaborateur 52
  3 – Les neuf principes d'action d'un contrôle efficace 53
  4 – Traiter les erreurs 53
  5 – Comment mener un entretien de ce type ? 61

**4 • Évaluer les résultats et apprécier
les performances** **63**
  1 – Notre conception de l'appréciation 63

2	– Une préparation réciproque	70
3	– Les étapes clés de ce type d'entretien	71
4	– Le bilan	73
5	– L'engagement réciproque	75
6	– L'avenir	76
7	– La conclusion de l'entretien	77
8	– Se donner des critères d'efficacité personnelle	77
9	– Les différentes phases de l'entretien d'appréciation	79
10	– Les pièges à éviter	80

5 • Adresser une critique et gérer les conflits ... 81
1 – Savoir adresser une critique justifiée ... 82
2 – La gestion des conflits ... 85

Entretenir avec son équipe des relations positives

6 • Informer pour donner du sens à l'action ... 105
1 – Les différents types d'information ... 107
2 – Les flux d'informations dans l'entreprise et leurs vecteurs ... 109
3 – Les qualités d'une information efficace ... 114

7 • Déléguer en confiant des missions ... 117
1 – Les freins majeurs à la délégation ... 118
2 – Pourquoi déléguer ? ... 118
3 – Les temps forts d'une délégation réussie ... 119

8 • Organiser sa disponibilité pour mieux écouter et mieux communiquer ... 129
1 – Déterminer vos priorités et privilégier l'important ... 130
2 – Communiquer sur sa propre gestion du temps ... 137
3 – Pratiquer la politique de la porte ouverte ... 138
4 – Gérer les interruptions ... 139
5 – Savoir dire non ... 140

    6 – S'affirmer dans le non grâce à ces quelques conseils 140
    7 – Expliciter des règles du jeu claires concernant les réunions et les entretiens 141

9 • Soutenir la motivation sans pouvoir augmenter les salaires **147**
    1 – La situation de l'entreprise 148
    2 – Les structures 149
    3 – La culture managériale 151
    4 – Rapide état des lieux des différentes théories et outils en matière de motivation 152
    5 – Développer une éthique 163
    6 – Être congruent 165
    7 – Savoir donner des signes de reconnaissance positifs 166
    8 – Se connaître et s'accepter 174
    9 – La problématique du défi 178
  10 – Le cas X ou motiver en état de crise 180

10 • Développer le rôle pédagogique de l'encadrement **187**
    1 – L'entreprise formatrice 188
    2 – Formaliser le rôle pédagogique de l'encadrement 189
    3 – Structurer la fonction pédagogique 190
    4 – Les conditions de la réussite 194

Conclusion **199**

Bibliographie **201**

Introduction

Du discours à la réalité

Les directions générales parlent de « management participatif », de « qualité totale », de « management par projet ou en réseaux » ; mais la plupart des entreprises fonctionnent encore sous le mode taylorien, au sein de systèmes organisationnels très hiérarchisés.

Ainsi, si le discours est moderne, l'organisation est archaïque : les décisions sont prises en haut, l'information est essentiellement descendante ; les idées neuves, les désaccords, les oppositions ne sont que difficilement exprimables et peu entendus. Les entreprises françaises sont faussement modernes.

L'illustration type de cette contradiction se rencontre fréquemment au cours de « grandes messes » organisées dans les entreprises. Le dirigeant dit : « changeons » et pense « changez ».

Le danger réside dans l'écart entre le « dire » et le « faire », dans l'écart entre le discours énoncé de la participation de chacun aux décisions et le fait que la direction se considère comme étant la seule à pouvoir agir sur l'entreprise.

Face à ce constat, les deux réactions les plus fréquentes des salariés sont les suivantes :
a) ils ont l'impression d'être manipulés et cela peut les conduire jusqu'à la révolte ;
b) ou ils expriment leur désengagement par rapport au devenir de l'entreprise :
« De toute façon, quels que soient les discours tenus, c'est pareil. »
« Dans les faits, on est des pions et notre avis ne compte que pour du beurre. »

Les cadres, responsables d'équipes que vous êtes et que nous appelons « managers de proximité » se trouvent alors pris « entre deux feux » : le discours de la direction générale et les réactions de vos collaborateurs qui soulèvent cette contradiction.

En outre, face à la complexité croissante des situations à gérer (évolution des lois du marché, concurrence acharnée, lourdeur de l'organisation) et à la montée de l'incertitude qui les accompagne, les directions nourrissent à votre endroit des attentes et des exigences accrues.

Elles comptent sur vous pour être :

a) *Les moteurs du système*
Les directions générales attendent de vous que vous soyez les moteurs, les vecteurs du changement (c'est-à-dire que

Introduction

vous soyez au service de la réussite de l'entreprise et non centrés sur votre évolution personnelle).

b) Au cœur de l'action et non au-dessus d'elle

Certains cadres ont tendance à accorder plus d'attention et d'intérêt aux compétences théoriques et à la réflexion, les considérant souvent comme plus nobles, et à délaisser les actions pratiques à mettre en œuvre qui en découlent. Il n'est donc pas surprenant qu'ensuite un nombre important de directions générales, comme d'agents de maîtrise, vous considèrent comme irréalistes et trop théoriques.

c) Des meneurs d'hommes

Animer et diriger une équipe ne s'inventent pas ! L'expertise technique même, si elle est nécessaire, ne peut, en aucun cas, à elle seule légitimer la nomination d'un cadre à la tête d'une équipe. Être un manager, c'est mettre en œuvre au quotidien le savoir-faire, le savoir être adapté à chaque situation. Dans le management d'une équipe, les comportements font la différence, beaucoup plus que l'expertise. C'est pourquoi nous nous attacherons à développer les outils et méthodes qui vous permettront d'accroître vos compétences en management.

d) Des responsables plus proches et plus impliqués

« Les cadres sont trop éloignés du terrain. » Cette phrase souvent exprimée, tant par les directions générales que par vos collaborateurs directs, traduit bien l'attente des uns et des autres à l'égard du rôle qu'ils veulent vous voir jouer : un responsable qui est capable de faire passer le message et d'apporter aides et conseils dans les décisions à prendre ; un responsable qui s'implique concrètement et montre l'exemple par ses actes plus que par ses mots ; quelqu'un sur qui l'on puisse compter et vers lequel on n'hésite pas à aller en cas de difficultés.

Enfin, notre expérience de consultant en entreprise nous amène à faire un autre constat. Quelle que soit la situation dans laquelle vous vous trouvez en tant que responsable d'équipe, manager de proximité une marge de manœuvre, un certain degré de liberté vous est laissé.

Cependant, pour les mettre à profit au mieux et pour répondre aux attentes de vos collaborateurs et de votre direction, il vous faut :
- une vision globale de votre rôle,
- des outils et méthodes pratiques pour affronter les difficultés quotidiennes.

Avoir une représentation globale de son rôle, c'est connaître l'étendue de ses responsabilités. Pour la clarté de l'exposé, nous les avons répertoriées en deux catégories :
- **Les responsabilités centrées sur l'organisation et l'action**
   a) Clarifier les règles du jeu et les fonctions de chacun.
   b) Fixer les objectifs et négocier les moyens.
   c) Suivre et contrôler, savoir traiter les erreurs.
   d) Évaluer les résultats et sanctionner les performances.
   e) Savoir adresser une critique et gérer les conflits.
   Ces responsabilités sont largement dépendantes du poids des structures.
- **Les responsabilités centrées sur la communication**
   f) Informer pour donner du sens à l'action.

Introduction

g) Déléguer des missions.
h) Organiser sa disponibilité pour mieux écouter et mieux communiquer.
i) Développer les motivations de ses collaborateurs.
j) Jouer son rôle pédagogique et développer les compétences.

Ces responsabilités sont marquées par le volontarisme apporté ou non par chacun dans l'action individuelle.

Le responsable d'équipe que vous êtes se sent plus ou moins à l'aise, selon son expérience et sa personnalité, dans telle ou telle de ces responsabilités. Il risque ainsi de développer les unes aux dépens des autres.

Votre efficacité réside pourtant dans votre capacité à assumer conjointement les unes et les autres.

La solution consiste à trouver la bonne distance, la bonne formule pour être à la fois évaluateur et formateur, pour imposer des objectifs et motiver, pour gérer des conflits et développer des relations harmonieuses.

Pour vous y aider, nous vous proposons un ouvrage résolument pratique et pragmatique.

Son objectif est de vous donner des outils et méthodes éprouvés vous permettant de savoir comment faire, comment dire ; en un mot comment vous y prendre pour mettre en œuvre les responsabilités majeures que vous devez assumer en tant que manager de proximité.

Première partie

Organiser et accompagner le travail de son équipe

Chapitre 1 • Clarifier les règles du jeu et définir les fonctions

Chapitre 2 • Fixer les objectifs, négocier les moyens

Chapitre 3 • Suivre et contrôler, traiter les erreurs

Chapitre 4 • Évaluer les résultats et apprécier les performances

Chapitre 5 • Adresser une critique et gérer les conflits

1

Clarifier les règles du jeu et définir les fonctions

1 - Clarifier les règles du jeu

L'esprit français n'apprécie guère les règles. Il préfère les situations un peu floues qui permettent à chacun d'agir à sa guise et d'éviter autant que faire se peut le contrôle de la hiérarchie.

En même temps, et de façon un peu paradoxale, son attachement à l'égalitarisme l'amène selon les situations à revendiquer une certaine équité de traitement.

Cependant celle-ci n'est possible, atteignable, qu'à condition qu'il existe dans l'entreprise des règles du jeu claires et explicites qui serviront de base pour gérer les différends.

1.1 – Qu'est-ce qu'une « règle du jeu » ?

Nombre d'entreprises fonctionnent sans avoir jamais défini, pour leurs salariés, les valeurs fondatrices, ni les comportements indispensables pour la réussite et l'efficacité. En voici deux exemples :

Un agent de maîtrise se plaint d'un de ses employés :
- « Je ne comprends pas, il évite au maximum les responsabilités et fuit les situations où il pourrait être amené à prendre des initiatives. C'est étonnant car c'est un bon professionnel. »

Un cadre décrivant son service :
- « Je dirige un service de 13 personnes, structuré de la façon suivante : 6 cadres, un agent de maîtrise, 5 employés et une secrétaire, chaque cadre est responsable et autonome. Cependant, je suis confronté à la difficulté suivante :

  Les uns hésitent, n'osent pas prendre de responsabilités et cherchent sans cesse à vérifier qu'ils sont sur la bonne voie, qu'ils ont droit de faire telle ou telle chose. Les autres à l'inverse outrepassent les limites de leurs prérogatives et tiennent des discours, ou prennent des décisions qu'il est parfois difficile de rattraper ! En fait chacun situe la barre de son autonomie en fonction de ses compétences et de sa motivation. »

Ces deux exemples illustrent un état de fait fréquent dans l'entreprise : « **l'absence de règles du jeu** ».

Définir les règles du jeu de son unité, de son service, c'est donner à chacun de vos collaborateurs des repères, des impératifs et des priorités. C'est préciser les critères de la réussite individuelle et collective.

Jouer au football nécessite de connaître les règles du jeu :
- qu'est-ce qu'une touche ?
- quand y a-t-il hors-jeu ?
- quels sont les comportements proscrits dans la surface de réparation sous peine de carton rouge ou de penalty ?

De même, définir les règles du jeu au sein d'une entreprise ou d'un service, c'est répondre aux questions que se pose tout collaborateur :
- est-ce que cela se fait ?
- qu'attend-on de moi dans pareil cas ?
- comment fait-on pour demander... ?
- jusqu'où puis-je aller ?
- pour cela dois-je en référer à... ?
- quelles sont les habitudes en ce qui concerne... ?
- quels sont les comportements attendus, tolérés, défendus ?

Expliciter les règles du jeu est par conséquent la première responsabilité que tout animateur d'équipe doit assumer.

1.2 – À quoi servent ces règles du jeu ?

Définir les règles du jeu, c'est permettre à chaque professionnel de l'entreprise de faire le point, de se situer au sein de son service, de l'entreprise et de mettre en œuvre les comportements reconnus par l'organisation.

Expliciter les règles du jeu permet :
- de préciser les valeurs communes,

- de clarifier les objectifs du service et de les situer dans la perspective de l'entreprise,
- de développer une meilleure cohésion,
- de susciter l'implication de chacun et servir de référence en cas de désaccord ou de conflit.

1.3 – Les qualités d'une règle du jeu efficace

Une règle du jeu n'est efficace que si elle possède les six qualités suivantes :

1. *Elle est exprimée clairement.*

   En effet, trop de managers se satisfont de règles du jeu implicites dont l'interprétation, par chacun, peut amener des comportements contradictoires.

2. *Elle est applicable.*

   Il est préférable de ne pas avoir de règles du tout plutôt que des règles inapplicables.

3. *Elle est utile.*

   Définir des règles du jeu n'est pas une fin en soi. Une règle n'est efficace que si elle apporte une aide pratique pour atteindre les objectifs fixés.

4. *Elle est contractuelle.*

   C'est-à-dire qu'elle correspond à un engagement réciproque du responsable et du collaborateur.

5. *Elle est protectrice.*

   Elle apporte aux deux parties (le manager et le professionnel) la sécurité dont ils ont besoin pour mener à bien leur mission.

Clarifier les règles du jeu et définir les fonctions

6. *Elle est souple.*

Les situations de la vie professionnelle sont nombreuses et variées. Une règle rigide deviendrait très vite un frein à l'efficacité. Elle doit donc comporter un certain degré d'adaptation. Attention, cependant, souplesse ne signifie pas laxisme !

Votre mission première est donc claire.

Il s'agit pour vous de :
- définir les règles du jeu en vigueur dans l'entreprise,
- les faire connaître à tous,
- vérifier l'adhésion des membres de votre service à ces règles du jeu,
- les faire respecter en sanctionnant les hors-jeu. Un manager qui ne sanctionnerait pas les hors-jeu, reconnaîtrait implicitement que les règles du jeu sont nulles et non avenues.

Voici un exemple de règles du jeu définies par une équipe de cadres au cours d'un de nos séminaires :
- Pouvoir se dire des choses tout en respectant l'autre, à l'interne comme à l'externe.
- Les décisions d'intérêt collectif sont prises en commun à la majorité.
- Chaque membre de l'équipe de direction est solidaire des décisions prises.
- Chacun s'astreint à préparer les décisions.
- Chacun fait bénéficier le groupe de ses idées de progrès.
- Chaque participant, quel que soit son statut, s'engage à rendre compte :
  - des questions d'intérêt collectif,

- des informations événementielles.
– Chaque chef de groupe rend compte de son action au chef de service, au cours d'un entretien individuel mensuel.

Les règles du jeu définies, le cadre de cohérence est posé. Vous pouvez maintenant vous atteler à la définition des fonctions et missions de vos collaborateurs.

2 – Pourquoi définir les fonctions ?

Responsabilités diffuses, missions disparates, priorités non définies, objectifs implicites correspondent au spectre de nombreuses entreprises (PMI et PME essentiellement). Dès lors, des différends, voire des conflits apparaissent entre les fonctions. Les plus classiques opposent en général, la production au contrôle qualité, la production au commercial, le commercial au planning et ordonnancement...

Ces différends ne verraient sans doute pas le jour, si les missions, responsabilités et objectifs de chaque service et de chaque individu étaient mieux définis et explicités... C'est pourquoi, nous vous proposons de clarifier les intérêts et les enjeux de fonctions claires dans un service ainsi que la façon de procéder pour y parvenir.

2.1 – État des lieux selon les entreprises

Selon les entreprises, l'état des lieux en matière de définition des fonctions est très disparate. En voici quelques exemples :
– l'absence de définition des fonctions,

- la définition des fonctions existe, mais elle est obsolète,
- la définition des fonctions est rédigée sans la participation des intéressés,
- la définition des fonctions a été érigée en dogme, et est d'une telle rigidité que chacun l'utilise pour refuser tels ou tels types de travaux,
- la définition des fonctions a été rédigée sous forme de tâches à accomplir.

Selon la situation, les conséquences sont les suivantes :
- chacun fait ce qui lui semble bon sans s'occuper du reste ;
- le chevauchement de plusieurs fonctions amène des luttes de pouvoir intestines et des difficultés relationnelles plus ou moins importantes ;
- un même travail peut être fait plusieurs fois par des personnes différentes ;
- il devient difficile de savoir auprès de qui s'informer par rapport à tel ou tel problème ;
- chacun pense que la décision est du ressort de l'autre.

En un mot, l'organisation et l'efficacité du service ainsi que la qualité des relations en souffrent.

2.2 – Les intérêts et les enjeux d'une définition claire des fonctions dans un service

Définir les fonctions, c'est permettre à chacun de savoir qui fait quoi, comment, pourquoi et pour qui. C'est donner la possibilité à chacun de savoir « à quoi sert » le poste qu'il occupe dans l'entreprise, le service, et dans « quel sens orienter son action ».

La définition des fonctions sert également de base pour fixer les objectifs individuels des collaborateurs et leur évaluation (*cf.* chapitre 4).

L'efficacité de l'organisation, quelle que soit sa structure (pyramidale, horizontale, en réseaux), ainsi que la responsabilisation, et la motivation des acteurs en dépendent.

2.3 – Pourquoi décrire sa fonction ?

Cela permet de :
- clarifier le rôle et les responsabilités de chacun : qui doit faire quoi et pourquoi ? ;
- vérifier la cohérence des responsabilités au sein d'un service, d'une organisation ;
- optimiser l'efficacité de l'organisation ;
- connaître les compétences (savoir, savoir-faire, savoir être) nécessaires dans le poste (recrutement, formation, gestion prévisionnelle des compétences) ;
- évaluer le poids et l'importance de chaque poste.

> Description des fonctions = outil de management et de communication pour clarifier les rôles, leur compréhension, leur intériorisation

3 – Comment définir les fonctions ?

Définir la fonction, c'est déterminer les principales responsabilités que la personne doit assumer. C'est décrire non pas les tâches à accomplir, mais les « missions » majeures à mettre en œuvre.

La distinction entre ces deux notions clés, tâches et responsabilités, est essentielle. En effet, décrire une fonction en termes de tâches réduit la prise d'initiative et nuit au développement de l'autonomie d'action dans le poste. De plus, une telle définition de la fonction peut devenir « un carcan protecteur » dont les individus refuseront de sortir. À une époque où la polyvalence devient un atout clé de l'entreprise, définir une fonction de la sorte irait à l'encontre des objectifs recherchés.

Une définition de la fonction efficace doit donc faire ressortir clairement ce qui est « **central, prioritaire** et **permanent** » dans le poste.

Définir le « cœur de la fonction » :
– permet de situer la fonction dans le service,
– met en exergue les buts majeurs,
– explicite les résultats attendus,
– fait ressortir, selon la situation, les contraintes de réalisation.

3.1 – Les questions à poser pour rédiger une définition claire de la fonction

a) Quelle est la désignation de la fonction ?

b) Situation de la fonction au sein de l'unité, du service
– Quelles sont les missions majeures de mon unité, de mon service ?
– Que manquerait-il, à l'entreprise, si mon service n'existait pas ?

c) Les articulations de la fonction
- Quels sont les liens hiérarchiques ?
- Quels sont les liens fonctionnels ?

d) Les priorités de la fonction
- Quelles sont les finalités, les raisons d'être de ma fonction ?
- Que manquerait-il à mon service si on supprimait ma fonction ?
- Qu'est-ce qui différencie ma fonction de celles de mes collaborateurs ?
- Quels sont les secteurs clés de résultats ?
- Sur quels critères majeurs est évaluée ma réussite ?

e) Mission spécifique
- Existe-t-il une mission spécifique liée à la personne ? liée aux circonstances ?

Cette réflexion permet de faire sortir les « priorités » de la fonction.

Une « priorité » est avant tout un **résultat important** et **permanent**, conséquence de l'action d'un individu.

Elle est formulée à l'aide d'un verbe d'action.

Exemple : **assurer – engager – prévoir – faire respecter**... si la responsabilité est totale ; **contribuer à – participer à – proposer** si la responsabilité est partagée.

Une telle approche permet à la personne :
- de bien différencier les « priorités » de son service et celles de sa fonction,

- de préciser les services attendus par les clients internes ou externes.

Enfin rechercher les « facteurs clés de succès » dans la fonction permet de faire émerger les actions prioritaires à entreprendre ainsi que les services nécessaires, de la part des « fournisseurs » du poste, pour le remplir convenablement.

Responsables de la mise en œuvre de changements organisationnels ou structurels dans vos services, les managers que vous êtes procèdent de différentes façons :
- les uns pensant éviter les difficultés, prennent seuls les décisions et mettent ensuite leurs collaborateurs devant le fait accompli ;
- les autres, cherchant à ménager les susceptibilités, consultent pour avis leurs collaborateurs puis décident des nouvelles structures et fonctions ;
- les derniers, enfin, utilisent la méthode du passage en force !

Or, sauf à vouloir démotiver pour un temps certain ses collaborateurs, une nouvelle organisation, une nouvelle structure ne s'impose pas. Les salariés d'une entreprise, les collaborateurs d'un service ne sont pas des pions qu'on déplace sur un échiquier, d'une case à l'autre, d'une fonction à l'autre, sans prendre en compte avis et suggestions. L'efficacité d'un changement structurel, organisationnel dépend pour une large part de l'implication des personnes concernées dans sa mise en œuvre. Il en est de même pour les définitions de fonctions !

C'est pourquoi, après avoir donné à vos collaborateurs les outils et méthodes (*cf.* plus haut) pour rédiger une définition de fonctions, vous leur demanderez de réfléchir à leur nouvelle fonction (*cf.* figure 1.1.). Ce travail de préparation réciproque (fait par vous-même et vos collaborateurs) fera ensuite l'objet d'un entretien qui permettra de finaliser la nouvelle fonction (*cf.* figure 3.3).

Ensemble :
- vous confronterez vos points de vue sur les nouvelles missions ;
- vous vérifierez le niveau de responsabilités de chacun de vos collaborateurs ;
- vous identifierez les désaccords possibles et négocierez des solutions acceptables ;
- vous proposerez des formulations adaptées.

Grâce à cet échange :
- la stratégie définie par l'entreprise sera mieux comprise,
- les nouvelles fonctions des uns et des autres ne seront plus vécues comme des figures imposées mais bien plus comme une opportunité nouvelle au service d'une stratégie connue,
- le sens à donner aux actions s'imposera de lui-même,
- les objectifs liés aux responsabilités clés seront plus aisés à définir.

Cet entretien permet de réduire l'écart de communication entre la fonction confiée par le responsable (souvent de façon informelle et implicite) et la fonction perçue par le collaborateur. Il est l'occasion d'un ajustement réciproque ainsi que l'outil de base d'un management contractuel.

3.2 – Préparation

La formation du collaborateur à la rédaction de la description de sa fonction est faite par le N + 1 ou une personne adéquate.

Les premiers énoncés de la description sont réalisés par le collaborateur sur le document (figure 1.1.).

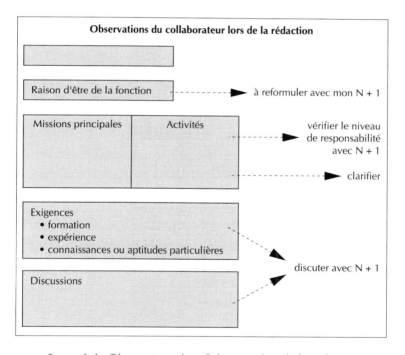

Figure 1.1. Observations du collaborateur lors de la rédaction de sa description de fonction.

Ce premier document est étudié par le N + 1 avant l'entretien.

3.3 – L'entretien proprement dit

a) Accueillir le collaborateur
- le remercier du travail fourni,
- le mettre à l'aise.

b) Structurer l'entretien
- Objectif : se mettre d'accord sur la description de la fonction et la finaliser (figure 1.2. page 34)
- Règles du jeu : temps 1 h 30 environ
  Écoute réciproque
- Démarche à suivre :
  - pointer les points d'accord,
  - identifier les points de désaccord, les discuter, négocier,
  - améliorer la formulation si nécessaire.

c) Communiquer avec efficacité
- Les dix commandements de l'écoute compréhensive :
  - 1/ Laissez parler votre collaborateur.
  - 2/ Montrez lui qu'il est libre de s'exprimer.
  - 3/ Montrez que vous voulez écouter (ne faites pas autre chose en même temps).
  - 4/ Évitez toute distraction.
  - 5/ Mettez-vous à la place de l'autre pour comprendre son point de vue.
  - 6/ Soyez patient.
  - 7/ Restez calme.
  - 8/ Ne faites pas de critique (cela entraîne des comportements de défense).
  - 9/ Posez des questions.
  - 10/ Soyez toujours attentif à l'autre.

– Savoir négocier :
  1/ Analysez la divergence des points de vue.
  2/ Trouvez toutes les formulations possibles qui pourraient convenir, sélectionnez-en deux ou trois adéquates.
  3/ Laissez choisir en dernier ressort le collaborateur.

Après vous avoir donné les points clés de la mise en œuvre des définitions de fonctions, il nous semble important de resituer cette démarche dans le contexte plus global qui est celui de l'entreprise au sein d'un marché concurrentiel.

En effet, définir les missions de chacun au sein d'un service simplement pour définir des missions n'a qu'un intérêt limité. Celles-ci ne prennent sens réellement que par rapport à la finalité première de l'entreprise ; à savoir satisfaire les clients (internes ou externes) et répondre à leurs besoins.

Ainsi, si nous prenons l'exemple d'un atelier de production, définir les missions du directeur de production, du chef d'atelier puis des chefs d'équipes, les unes par rapport aux autres, est certes important, mais ne correspond pas, du moins à notre avis, aux besoins nécessaires à toute entreprise vis-à-vis de ses clients.

Définir les missions des uns et des autres, en utilisant un raisonnement et une démarche centrés sur l'organisation interne, permet certes de résoudre quelques difficultés d'organisation, de relations internes, mais évite de se confronter aux véritables enjeux et permet par là même de faire toujours plus de la même chose (c'est-à-dire ne rien changer vraiment).

Principales missions	Activités
Assurer le secrétariat du service	– en rédigeant les lettres standard – en assurant la frappe du courrier – en préparant les dossiers – en préparant les déplacements des collaborateurs du service – en réalisant le classement des dossiers du service
Assurer les communications du service	– en recevant les messages internes ou externes – en les faisant parvenir à leur destinataire – en se tenant informé des activités du service et de ses collaborateurs
Organiser les réunions du service	– en faisant les convocations – en préparant les dossiers – en veillant à la logistique des réunions – en rédigeant les comptes rendus
Participer à l'organisation du service	– en tenant à jour les plannings des collaborateurs – en proposant des actions d'amélioration
Contribuer au développement de l'image du service à l'intérieur et à l'extérieur	– en veillant à l'accueil dans le service – en renseignant toute demande faite au service – en veillant à la qualité des documents émis par le service

Figure 1.2. Exemple d'une fiche de description de fonction : une secrétaire

C'est en partant des besoins du client (qualité, délais, coûts, durée de vie du produit, du service...) qu'il faut raisonner. Dès lors, la vision du rôle et des responsabilités de chacun peut prendre sa dimension réelle ; le processus de décision, voire de production et d'organisation, peut être remis en cause par rapport à la finalité réelle : le client.

Des définitions de fonctions, basées sur un raisonnement et une approche centrés sur les clients, amènent le plus souvent les **changements majeurs nécessaires** en termes d'organisation, de pouvoirs, de relations, de capacités de prises de décision au plus près de l'action ; et permettent ainsi à l'entreprise de développer ce qui lui fait le plus cruellement défaut : l'innovation, la réactivité, la flexibilité.

Voilà les véritables enjeux des définitions de missions centrées sur le client.

Accepter **de partager le pouvoir** en est le fondement. La pérennité et le développement de l'entreprise en sont les résultats !

2

Fixer les objectifs, négocier les moyens

Les missions clés de chacun de vos collaborateurs clarifiées, il ne vous reste plus qu'à passer avec eux un contrat d'objectifs. Lettres de missions et contrats d'objectifs vous permettront de mettre en œuvre des relations contractuelles simples et claires avec vos collaborateurs directs.

1 - Différences et liens entre objectifs et missions principales

Certains responsables ont tendance à confondre les missions ou responsabilités principales liées à la fonction avec les objectifs qui en découlent et qui apparaîtront, après négociation avec le collaborateur, dans le contrat d'objectifs. Pour éviter cette confusion, nous vous proposons donc de mettre en exergue les éléments distinctifs entre ces deux notions.

« Un **objectif** est la déclaration spécifique d'un résultat attendu » :
- il doit avoir un rapport avec un seul résultat attendu,
- il doit être possible de le mesurer ou de l'observer.

Nous pouvons donc énoncer ainsi les différences (tableau 2.1.)

Missions principales	Objectifs
– ont un rapport avec la fonction,	– ont un rapport avec chaque mission,
– sont à long terme : elles évoluent lentement,	– sont à court terme : ils sont orientés vers une tâche ou un projet précis,
– n'ont pas de limite dans le temps.	– ont une échéance précise.

Tableau 2.1. Différences entre missions principales et objectifs

Par ailleurs on confond souvent les trois notions de finalité, but et objectif. Soyons plus précis.

La finalité, c'est le dessein, l'intention qui anime l'action. La finalité se situe au niveau stratégique ; par exemple : les axes stratégiques du groupe X.

Exemple : « *Cette année dans notre entreprise, c'est l'année de la communication interne.* »

Le but, c'est ce que l'on veut atteindre. Le but se situe, comme la finalité au niveau stratégique, mais il est plus précis.

Exemple : améliorer la communication dans et entre les services et les rapports professionnels entre salariés afin qu'un travail de meilleure qualité soit fourni.

L'objectif, c'est l'action à entreprendre pour obtenir le résultat attendu :

- il a un rapport avec un seul résultat attendu,
- il doit être possible de le mesurer (de le quantifier ou d'observer sa réussite).

L'objectif se situe au niveau opérationnel

Exemple : développer et mettre en œuvre un programme de communication avant le deuxième semestre 1995 qui fournira des meilleurs rapports professionnels dans l'unité, lesquels seront mesurés par une enquête d'intervention par le management.

Exemple extra-professionnel

Finalité : en France, c'est l'année de la santé
But : inciter les Français à maigrir.
Objectifs :
- publier une documentation présentant les trois grandes classes d'aliments et les besoins pour chaque individu ;
- développer une campagne sur les centres d'amaigrissement (thalassothérapie, restaurants...).

Pour être crédibles, les objectifs doivent d'abord être expliqués et cohérents par rapport :
– à la politique et aux orientations du groupe X,
– aux objectifs de l'unité Y,
– aux objectifs de chaque service.

Cette hiérarchie des objectifs, du plus global au plus local, du plus général au plus spécifique, du plus long terme au plus court terme permet de passer du niveau **stratégique** au niveau **opérationnel**.

Il ne s'agit pas de communiquer sur un plan quinquennal statique et détaillé mais d'expliquer, aussi simplement que possible, comment on imagine l'évolution de son entreprise d'ici à trois ans.

Communiquer sur le futur permet à chacun de mieux envisager son avenir et de mieux comprendre ce qu'il apporte à l'entreprise.

Fixer des objectifs de la sorte permet au collaborateur de faire le lien entre ses objectifs individuels et ceux de son service d'appartenance ; et d'évaluer, par là même, sa contribution à l'atteinte de ces mêmes objectifs (figure 2.2.).

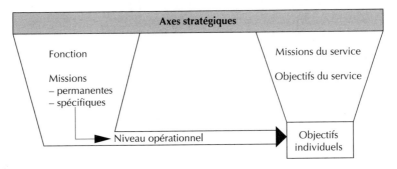

Figure 2.2. Liens entre missions et objectifs

En outre, restituer les objectifs individuels par rapport aux objectifs du service permet d'éviter le piège du repliement sur soi ou sur ses objectifs et de faire passer l'intérêt général ou du service avant les intérêts particuliers.

Enfin, pour favoriser la communication interne et la collaboration interpersonnelle, le responsable veillera à fixer à ses collaborateurs des objectifs compatibles et cohérents entre eux.

2 - Pour une formulation claire des objectifs

S'il est évident qu'il importe de veiller à la cohérence et à la compatibilité des objectifs entre eux, il n'en est pas moins vrai que leur efficacité réside également dans la clarté de leur formulation.

Ils doivent ainsi :

Être exprimés et clarifiés

Un objectif ne doit jamais rester implicite si vous voulez éviter des réflexions du genre « ...mais vous ne nous l'aviez pas dit », « ...je ne pensais pas que c'était urgent. »

Être limités à un nombre restreint

La valeur de l'engagement des personnes est d'autant plus grande qu'elles se concentrent sur un nombre limité d'objectifs.

Être mesurables ou observables

Les objectifs doivent être identifiables, faute de quoi on ne pourra pas vérifier dans quelle mesure ils ont été atteints.

Être phasés et échéancés

C'est-à-dire définis dans le temps ; autrement il ne sera pas possible d'établir un système de suivi et d'évaluation.

Être spécifiques à chaque unité

De manière à éviter toute confusion sur leurs significations. Adaptés à chaque environnement, les objectifs ne sont pas transposables d'un secteur à un autre, d'un service à un autre.

Tendre vers un résultat

Et non simplement indiquer une démarche ou une activité afin de permettre, là aussi, une mesure par toutes les parties concernées.

Être réalistes

Il est inefficace de fixer des objectifs que chacun s'accorde à reconnaître comme impossibles à atteindre.

Être réalisables

C'est-à-dire assortis de moyens.

Il faut retenir que les efforts déclinent quand les objectifs sont trop faciles ou trop difficiles à atteindre.

Être assortis de points de contrôle

Afin de savoir en permanence où on en est de leur réalisation.

Être non reconductibles

On constate fréquemment que, lorsqu'on doit définir un objectif, on a tendance à prendre l'objectif de l'année précédente qu'on réévalue plus ou moins, à l'instar des procédures budgétaires.

Si l'objectif est bien ciblé, le problème qu'il était destiné à résoudre doit être réglé à la fin de la période fixée. Il n'est donc pas utile de reconduire cet objectif.

3 – Les objectifs qualitatifs

La quantification excessive des objectifs écarte tout ce qui n'est pas facilement quantifiable comme l'**innovation** et la **qualité**.

Or, la valeur « qualitative » ne peut être ignorée dans un environnement tel que celui dans lequel nous vivons.

Il convient alors de se doter d'indicateurs pertinents par rapport au résultat et qui peuvent être :
– en partie **chiffrables**,
– en partie traduits par des situations, événements, comportements, **observables et identifiables**.

Exemples de formulations :

– Améliorer les délais d'envoi des statistiques	– D'ici trois mois, réduire de 72 heures les délais d'envoi des statistiques sans baisse de la qualité du contenu.
– Communiquer davantage avec nos collaborateurs	– D'ici le 30 juin, mener un entretien avec chacun de nos collaborateurs pour faire le point sur ses satisfactions et insatisfactions dans le travail.

4 – Les trois catégories d'objectifs

Les critères qualitatifs d'une bonne formulation d'un objectif ayant été définis, il nous reste à préciser les trois grandes catégories d'objectifs.

4.1 – Les objectifs d'activité

Généralement quantifiables, ils se rapportent à l'activité permanente de l'entité considérée.

On en distingue plusieurs types.

Les objectifs de production
Ils s'expriment en quantités produites ou en chiffres d'affaires.

Ils caractérisent l'activité principale de l'entité.

Les objectifs d'efficacité
Ils caractérisent souvent les résultats à atteindre en matière de **qualité**.

Exemples : réduire les délais d'attente des clients ; réduire les délais de réponse à une sollicitation externe ; réduire les délais d'intervention pour le règlement d'un problème ; diminuer le taux de réclamations de 5 à 2 % d'ici un an.

Les objectifs de coût
Ils caractérisent, par exemple, les coûts unitaires de telle ou telle production, les coûts d'une prestation de service.

4.2 – Les objectifs de développement de l'organisation

Ils se rapportent aux **méthodes**, à **l'organisation** de l'activité, à **l'évolution des techniques**.

Exemples :
- mettre en place quatre micro-ordinateurs dans le service ;
- obtenir que les personnes concernées soient opérationnelles dans six mois pour les logiciels de traitement de texte, etc. ;
- adopter de nouvelles procédures de traitement des demandes des clients ;

– lancer le projet X avec un groupe de travail.

Il s'agit d'utiliser au mieux les moyens mis à la disposition du service.

4.3 – Les objectifs de développement des personnes

Ces objectifs peuvent concerner, par exemple, les thèmes suivants :
– augmenter la capacité d'animation des personnes en situation d'encadrement,
– développer l'aptitude à déléguer sur tel ou tel dossier,
– améliorer les capacités de négociation avec les autres services,
– renforcer l'expertise sur tel dossier, etc.

Si, comme nous venons de le voir, il importe d'être précis quant à la teneur des objectifs fixés, le manager devra également veiller au « processus » sous-jacent à la définition de tout objectif, c'est-à-dire au « comment » on en arrive là.

5 – Les phases clés de la négociation

Tout objectif peut se situer sur un continuum allant de la plus ou moins grande dépendance à l'autonomie complète du collaborateur.

autonomie ⟶ dépendance

Lors de la définition des objectifs, vous devez prendre en compte les compétences, l'expérience et la motivation de votre collaborateur.

5.1 – L'amont

Vous informez votre collaborateur des priorités du service, puis vous lui précisez l'objectif spécifique que vous lui proposez : la situation, les contraintes, etc.

5.2 – Pendant

À cet instant t, le collaborateur possède les tenants et les aboutissants de l'action à entreprendre. Il vous informe en retour des priorités de son unité et de ses éventuels désaccords. Cette phase a pour objectif **d'associer** le collaborateur à la définition de l'objectif et des résultats à atteindre.

La négociation est ouverte !

5.3 – L'aval

Vous informez votre collaborateur des moyens dont vous disposez et répondez aux questions posées à ce sujet par votre collaborateur. Vous définissez ensuite les critères de contrôle. La forme du suivi ainsi que les phases d'assistance sont également prévues.

Ce processus nous semble essentiel dans la définition de l'objectif, car il correspond à un mode de management « contractuel » où les deux parties sont engagées. En outre, à la suite de ce type d'entretien, on est certain que le collaborateur « adhère à l'objectif défini et que son accord n'est pas feint ».

La qualité d'une décision dépend de deux points clés :
– l'implication de chacun passe par sa capacité à participer à la décision,
– et du degré d'adhésion de chacun.

S'il est certain que le contenu de l'objectif importe, il convient, comme on vient de le voir de ne pas sous-estimer l'impact du processus, c'est-à-dire du « comment faire », dans l'adhésion du collaborateur à l'objectif fixé.

Ainsi, si l'objectif est non négociable (ce qui arrive parfois) dans son contenu (ex. : augmenter les ventes de 20 %), le hiérarchique veillera à laisser son collaborateur négocier les autres points clés d'un objectif comme :
– le niveau de qualité attendu,
– le délai de réalisation,
– les moyens nécessaires,
– les critères d'appréciation.

Discuter des objectifs avec ses collaborateurs, c'est leur permettre de prendre leur propre mesure et de s'approprier de façon contractuelle les objectifs fixés. Plus ils « auront leur mot à dire » dans la décision et plus ils adhéreront aux objectifs.

Plus le travail deviendra « leur travail ».

Négocier avec ses collaborateurs, c'est accepter le pouvoir des autres, c'est les reconnaître dans leur identité, c'est échanger des informations, c'est développer son pouvoir d'influence pour atteindre ensemble des objectifs ambitieux.

La négociation des objectifs est un des outils clés dans la mise en œuvre du management contractuel.

Elle permet à chacun :
– de se situer et de savoir où il va,

- de participer à la décision,
- d'augmenter son degré d'adhésion par rapport aux objectifs,
- d'être reconnu comme un professionnel à part entière.

Il ne s'agit plus de contraindre et d'imposer mais au contraire de susciter l'expression, la participation, l'implication dans la prise de décision.

Comme l'écrit Mintzberg :
- « La clé du fonctionnement efficace d'une organisation est la responsabilité individuelle. »

3

Suivre et contrôler, traiter les erreurs

- Souvent mal appliqué parce que trop tatillon, trop fréquent ou trop accusateur, le contrôle est mal accepté par les collaborateurs. Il est souvent vécu comme un manque de confiance, une réduction de l'autonomie et provoque parfois chez eux des réactions vigoureuses.
- Craignant ces réactions viscérales, ayant peur du conflit toujours possible, certains responsables hésitent à le mettre en œuvre. D'autres encore vont jusqu'à oublier cette fonction clé et donnent l'impression de se désintéresser des tâches qu'ils ont confiées, de s'en être débarrassées. L'évaluation se fait alors sur la base de critères subjectifs, discutables et toujours discutés.
- « Ici, moins on entend parler de vous, mieux c'est ! »
- « Mon collaborateur est un expert en informatique, je me vois mal le contrôler. »

– Cette réaction est fréquente chez les managers et participe du présupposé suivant : on ne peut contrôler un collaborateur que si l'on est plus compétent que lui techniquement.
Comme si le contrôle impliquait obligatoirement la compétence technique et remettait en cause sa validité et sa nécessité !

Pourquoi contrôler ?

Exercer un contrôle sur le travail de ses collaborateurs est inhérent à la responsabilité du hiérarchique : s'il ne peut l'exercer, son autorité sera remise en cause. En effet, nous attribuons du pouvoir à quelqu'un dans la mesure où sa position et son statut lui permettent d'exercer un contrôle sur notre travail.

Le contrôle, on le voit bien, est, d'abord et avant tout, une **compétence de management**. Il ne suppose pas nécessairement la compétence technique. Aujourd'hui, de nombreux cadres peuvent avoir au sein de leur équipe un collaborateur plus compétent qu'eux dans une technique donnée, sans pour autant que cela remette en cause la nécessité du contrôle. Le développement du management par projet ou en réseaux en sont les plus belles illustrations. Ajoutons enfin que la fonction contrôle assumée par le hiérarchique correspond, également, à un moyen de légitimer son rôle et son statut. En effet contrôler ne peut en aucune façon se réduire à une simple vérification ou constatation d'un état de fait. Exercer un contrôle, c'est aussi et peut-être surtout assurer le suivi, c'est **apporter aide et conseil** dans la mise en œuvre des actions correctives. Le rôle du manager est ici essentiel. C'est à lui de changer, de modifier, par l'exemple de son propre comportement, le système de représentations, le système de valeurs entre la hiérarchie et ses collaborateurs. C'est à lui d'initier, de mettre en œuvre une qualité de relation qui suscite chez son collaborateur l'envie de poser des questions, de s'informer, de se former. Le contrôle n'est plus alors vécu comme « castrateur » mais comme un « suivi protecteur », comme une « aide réelle » à la résolution de problèmes, dans le cadre de relations personnalisées, contractualisées.

Comment exercer le contrôle ?

Un contrôle est efficace s'il comporte les trois éléments suivants :
– un objectif défini à l'avance avec précision,
– des outils et moyens de mesure permettant de comparer la situation actuelle et la situation souhaitée,
– la décision de mettre en œuvre des actions correctives afin de redresser les écarts.

Rappelons que le rôle du hiérarchique ne consiste pas à décider en lieu et place de son collaborateur, du haut de son statut de chef, mais à l'aider dans son cheminement, à l'accompagner dans sa démarche, à le conseiller dans le choix des décisions à prendre. Contrôler ce n'est pas seulement mettre en exergue les points faibles ou les points à améliorer, c'est aussi dire ce qui va bien ! Alors la connotation négative attachée au mot contrôle n'a plus de raison d'être.

1 - Les intérêts du contrôle du point de vue de la hiérarchie

- Le contrôle est **normatif**. Il rappelle la nécessité d'atteindre l'objectif ainsi que les termes du contrat.
- Le contrôle est une **aide** apportée au collaborateur.

Le hiérarchique informe de tout élément nouveau à prendre en compte, en rapport avec l'objectif à atteindre. Il apporte aide et conseil dans la décision des actions correctives à mettre en œuvre en cas de « dérapage ».
- Le contrôle est **formateur**. Il permet de faire le point sur les erreurs et les réussites et ainsi de tirer les leçons nécessaires au progrès.
- Le contrôle est un **moyen d'évaluation** des performances et des progrès des collaborateurs. Il permet de « doser » l'autonomie nécessaire à chacun.

2 - Les intérêts du contrôle du point de vue du collaborateur

Les collaborateurs éprouvent le besoin d'être évalués et attendent que le hiérarchique tienne son rôle. Être contrôlé efficacement, c'est être reconnu.

Dans tous les cas, le collaborateur oscille entre deux tendances opposées :
- son besoin **d'autonomie** qui correspond à son besoin de prendre des initiatives, de se sentir responsable et de réussir ;

- son besoin d'être **contrôlé** et donc d'être évalué suivant ses performances : ce qui suppose un contrôle de son hiérarchique.

3 – Les neuf principes d'action d'un contrôle efficace

- Expliquer la nécessité et la forme du contrôle.
- Faire connaître à l'avance les normes du contrôle et les maintenir dans la durée.
- Informer à l'avance les collaborateurs des dérives constatées.
- Laisser les subordonnés travailler de façon autonome.
- Contrôler les actions qui sont en liaison directe avec les objectifs.
- Adapter le contrôle à la compétence, à la motivation du collaborateur.
- Faire preuve de souplesse avec les personnes.
- Être « exigeant » sur les objectifs.
- Enfin, se souvenir qu'un suivi régulier de la mise en œuvre et de l'atteinte des objectifs est un outil majeur pour maintenir un niveau élevé de motivation.

4 – Traiter les erreurs

« *L'expérience : nom dont les hommes baptisent leurs erreurs* », disait O. Wilde.

Tout membre de l'encadrement est, de par sa fonction, confronté aux erreurs de ses collaborateurs. La difficulté réside dans la manière de les traiter :

- Faut-il sanctionner leurs auteurs ?
- Ou peut-on transformer ces erreurs en vocation d'apprentissage ?

4.1 – Autodiagnostic

Testez vos comportements face aux erreurs commises par vos collaborateurs.

Répondez à chaque question par « d'accord » ou « pas d'accord », puis faites votre bilan :

	D'accord	Pas d'accord
1 En cas d'erreur, il vaut mieux parfois ne rien dire pour ne pas vexer le collaborateur et sauvegarder de bonnes relations humaines.		
2 Des erreurs nombreuses et répétées doivent être sanctionnées objectivement.		
3 Le droit à l'erreur équivaut à du laxisme.		
4 Si une erreur est commise, il faut que la personne se justifie.		
5 Une erreur est l'occasion d'améliorer l'organisation de l'atelier ou du service ainsi que la compétence des individus.		
6 Toute erreur mérite une sanction sinon elle risque de se reproduire.		
7 Si le droit à l'erreur n'existe pas, les gens cherchent à cacher les leurs.		
8 Le meilleur moyen d'éviter les erreurs est de surveiller attentivement ses collaborateurs.		
9 Le hiérarchique qui reconnaît ses erreurs auprès de ses collaborateurs risque de se discréditer.		
10 Il faut avoir une intervention pédagogique auprès des personnes ayant fait une erreur tout en mettant en place des procédures pratiques pour éviter qu'elle se reproduise.		
11 L'erreur est un bon moyen pour que les gens apprennent.		
12 La responsabilité d'une erreur incombe avant tout à celui qui l'a commise.		
13 Quand une erreur est détectée, il faut aussitôt une enquête et rechercher à tout prix l'auteur.		

Suivre et contrôler, traiter les erreurs

	D'accord	Pas d'accord
14 Si une erreur est commise, il faut analyser les causes profondes, commencer et insister sur les causes indépendantes des personnes.		
15 Quand ils commentent une erreur, les gens cherchent avant tout à fuir leur responsabilité.		
16 Quand un collaborateur a commis une erreur, la première chose à lui demander est : « Pourquoi as-tu fait cela ? »		
17 En cas d'erreur, il faut dédramatiser, dire à son auteur : « Ce n'est pas si grave que cela. »		
18 Pour un responsable, le mieux est d'éviter que ses collaborateurs ne commettent des erreurs, en leur transmettant son savoir-faire, les « trucs » et les astuces permettant de les éviter.		
19 Parfois, les gens ne prennent pas d'initiatives pour ne pas commettre d'erreurs.		
20 En cas d'erreur, il faut en expliquer les conséquences pour le service ou pour l'entreprise.		

Les réponses proposées

Commentaires	D'accord	Pas d'accord
1 Ne pas signaler les erreurs, c'est prendre le risque de les voir se reproduire. Constater une erreur, la discuter avec son collaborateur pour prendre les mesures nécessaires afin qu'elle n'apparaisse plus, c'est traiter le problème suffisamment tôt pour éviter la dégradation des relations humaines.		X
2 Oui.	X	
3 Non, il s'agit bien du droit à l'erreur et non du droit à l'erreur répétée.		X
4 La personne se sent en faute, coincée. Elle est enfoncée encore plus dans son erreur. Elle va rechercher des échappatoires, renvoyer la responsabilité sur d'autres ou sur vous-même.		X
5 Oui, une erreur analysée, traitée permet : – d'accroître la compétence du collaborateur qui peut l'éviter dans l'avenir, – d'augmenter les performances du service par la mise en œuvre d'amélioration dans son fonctionnement.	X	
6 Le risque est que les collaborateurs, par peur de la sanction cachent les erreurs ou ne prennent plus d'initiative.		X

Commentaires	D'accord	Pas d'accord
7 Oui, c'est un des risques.	X	
8 La perte de temps est très importante et les relations entre hiérarchique et collaborateurs risquent de se dégrader.		X
9 Que penser du hiérarchique qui n'admet pas son erreur ?		X
10 Il s'agit de faire comprendre à la personne l'erreur commise et d'augmenter la fiabilité du travail par l'organisation.	X	
11 À condition que les erreurs soient peu nombreuses, sinon le risque est d'engager la collaborateur dans la spirale de l'échec.	X	
12 Non, il peut y avoir des causes organisationnelles (fonction mal définie, plan des règles, etc.) ou une mauvaise transmission d'information.		X
13 La « chasse » au coupable laisse souvent le problème sans solution, le collaborateur cherchant à se justifier par tous les moyens afin d'éviter les sanctions.		X
14 Oui, pour perfectionner les actions futures des collaborateurs.	X	
15 Non, ils cherchent avant tout à fuir la sanction.		X
16 Il vaut mieux lui demander comment faire pour rattraper l'erreur.		X
17 Non, c'est la fuite devant le problème.		X
18 Oui.	X	
19 Oui, car le risque de remarques vexantes est grand.	X	
20 Oui pour sensibiliser le collaborateur.	X	

Mode de calcul :

– Comptez 1 point lorsque votre choix correspond à celui du corrigé.

– Comptez 0 point lorsque votre choix diffère de celui du corrigé.

Le résultat de votre autodiagnostic peut être apprécié de la façon suivante :

Moins de 5 points	Vous êtes trop tolérant ou trop agressif en cas d'erreurs ; cela peut engendrer dans votre service du laisser-aller ou un climat de défiance et pousser vos collaborateurs à prendre peu d'initiatives.
De 6 à 10 points	Aborder un collaborateur à la suite d'une erreur est difficile pour vous. Trouvez le positionnement juste. Traitez l'erreur comme un problème à résoudre dont il convient d'analyser les causes profondes.
De 11 à 15 points	Vous comprenez bien comment il convient de réagir pour traiter les erreurs.
De 16 à 20 points	Vous montrez que vous savez utiliser les erreurs pour améliorer le fonctionnement de votre unité et accroître l'efficacité de vos collaborateurs.

4.2 – Qu'est-ce qu'une erreur ?

Une erreur consiste à prendre une décision, mettre en œuvre un comportement, inadaptés par rapport à une procédure, une norme, un engagement définis au préalable au sein de l'organisation.

Exemple : utiliser un papier d'emballage X pour un produit, alors que la procédure ou la norme exige un papier d'emballage Y.

4.3 – Une erreur ou une faute ?

– L'erreur est l'indication d'un problème. Elle n'est jamais totale. Elle se corrige, elle s'utilise pour améliorer les actions futures de ses collaborateurs et l'efficacité du service ou de l'unité.
– La faute, quant à elle, renvoie à l'idée de responsabilité morale, de culpabilité. Elle fait référence à un code moral (notion de péché) ou à un code social (notion de délit) qui justifie de « punir » son auteur.

- Il n'y a pas d'erreur ou de faute en soi, mais toujours par rapport à des normes, des règles propres à l'entreprise. Or, dans nombre d'entreprises, ce « code » n'est pas formalisé. C'est pourquoi la frontière entre erreur et faute est floue, et les façons de les traiter laissées à l'appréciation de chacun (ce qui induit des différences majeures et des comportements pas toujours adaptés).
- Dans l'entreprise, est considérée comme faute, une erreur :
  - répétée,
  - ou occasionnant des préjudices importants pour l'entreprise, ses biens ou ses salariés,
  - ou commise volontairement à la seule fin de nuire.

4.4 – Quel comportement adopter ?

Donner « le droit à l'erreur »

En préambule, il nous semble important de bien différencier le « *droit à l'erreur* » (qui peut être rectifié et source d'apprentissage) du « *droit à l'échec* » (qui reconnaît implicitement le fait que le suivi n'existe pas).

Donner le « *droit à l'erreur* », c'est exprimer clairement et explicitement à ses collaborateurs qu'ils n'encourent pas de sanction ou de « représailles » (sous quelque forme que ce soit) s'ils **signalent** une erreur dont ils sont l'auteur.

Si ce droit n'existe pas, parler de responsabilités et d'initiatives c'est « pratiquer la langue de bois du management » et, à coup sûr, induire des comportements de tricherie et de non-transparence. « *Là où règne la crainte, les chiffres sont faux.* »

Mais c'est aussi, et surtout, instituer des relations basées sur la défiance et non sur la confiance.

Donner l'exemple et reconnaître ses propres erreurs

Nombre de cadres ou agents de maîtrise considèrent que reconnaître ses propres erreurs, c'est dévoiler ses faiblesses à ses collaborateurs, ses manques, et par-delà, « *perdre son pouvoir et son crédit de manager* ».

En réalité, c'est exactement l'inverse qui se produit. Il est important d'ancrer dans votre service le constat suivant :
– nul n'est parfait,
– nier ses erreurs discrédite,
– reconnaître ses erreurs rend plus crédible et fait gagner l'estime de ses collaborateurs.

Ainsi, vous créerez un esprit de confiance, et surtout vos collaborateurs n'hésiteront plus à signaler leurs erreurs. Vous pourrez ainsi réagir en temps réel, avant qu'il ne soit trop tard !

L'erreur : une occasion de se perfectionner

Faire de l'erreur une situation d'apprentissage ne signifie pas pour autant promouvoir l'apprentissage par l'erreur (cela coûte cher).

Traiter l'erreur, c'est en rechercher les causes profondes pour améliorer les actions futures. C'est mettre en œuvre avec votre collaborateur des actions correctives qui lui permettront d'apprendre.

Sachez faire profiter vos collaborateurs de votre expérience, ils n'en seront que plus efficaces et vous en sauront gré.

Un exemple de démarche possible

Quand une erreur est détectée :

a) écoutez la personne jusqu'au bout,
b) recherchez avec elle les mesures à mettre en place pour limiter les conséquences de l'erreur,
c) analysez les causes profondes de l'erreur :
- s'agit-il de causes techniques (matériel, machine...),
- s'agit-il de causes structurelles (organisation, fonctions mal définies),
- s'agit-il de causes humaines (compétences, motivations).

d) mettez en œuvre une démarche préventive pour éviter que le problème ne se reproduise. Des solutions sont recherchées et validées au moyen de tests.

Cette méthode permet ainsi à la personne qui a commis l'erreur de s'amender, et surtout de mieux vivre la situation.

5 – Comment mener un entretien de ce type ?

> 1 – **Rappelez l'erreur** : constatez les faits.
> 2 – **Expliquez les conséquences de l'erreur.**
> 3 – **Précisez l'objectif de l'entretien** (évitez la reproduction de ce type d'erreur).
> 4 – **Collectez les faits concrets et leurs explications.**
> 5 – **Trouvez un traitement approprié aux causes profondes de l'erreur** (en collaboration avec la personne).
> 6 – **Concluez l'entretien :**
>   – rappelez la décision,
>   – vérifiez l'adhésion du collaborateur,
>   – indiquez les conséquences positives de la mise en œuvre des solutions.

4

Évaluer les résultats et apprécier les performances

Mener un entretien d'appréciation n'est pas une fin en soi. Cet acte de management ne prend sens que restitué au sein du système d'appréciation, lui-même outil de la gestion des ressources humaines de l'entreprise. C'est pourquoi, en préambule de ce chapitre sur la façon de conduire un entretien de ce type, nous vous livrons notre conception de l'appréciation.

1 – Notre conception de l'appréciation

Mettre en place un système d'appréciation correspond, pour toute entreprise, à un changement stratégique majeur et à un enjeu politique qui ne peuvent, en aucun cas, s'accommoder d'un échec et de ses conséquences. Cela est d'autant plus vrai si les changements mis en œuvre dans l'entreprise, au préalable, ont soulevé de grandes difficultés.

Mais qu'est-ce qu'un changement majeur ?

« Le changement majeur touche aux perceptions qu'entretient un groupe, de par ses relations avec l'extérieur ou de son propre fonctionnement, pouvant provoquer des réactions de défi ou de défense. »[1]

Ainsi passer d'une culture de moyens à une culture de résultats, d'une culture technique à une culture gestionnaire, de la centralisation à la décentralisation, d'une appréciation non formalisée et non communiquée à un entretien annuel avec une appréciation négociée représente bien un changement de paradigme.

En outre, la culture d'entreprise de nombreuses sociétés françaises se caractérise par son appartenance à ce que Ph. d'Iribarne appelle la « culture de l'honneur »[2].

Celle-ci se définit comme suit :
— relations marquées par l'affectivité,
— prédominance des relations personnelles sur les structures et les procédures,
— importance des arrangements informels et logiques de « coup de main »,

---

1. Vincent (Ch.), *Invitation au changement à la française*, Les Éditions d'Organisation, Paris, 1993.
2. Iribarne (Ph. d'), *La logique de l'honneur*, Le Seuil, Paris, 1989.

- droit et devoirs particuliers de chaque groupe sont en opposition à d'autres groupes,
- sensibilité à la hiérarchie et à la noblesse, notion du « noble » et du « vil »,
- fonctionnement avec orientations larges et forte autonomie,
- managers en position d'arbitre,
- résistance à la notion de contrôle.

Dans cette culture, le critère d'appropriation par les intéressés est essentiel pour la réussite d'un changement. L'appréciation est une **activité stratégique de management** (dans la mesure où elle est un outil de progrès pour l'entreprise à travers le progrès des personnes), quand elle fonctionne en cohérence avec la définition des missions et la fixation des objectifs.

L'appréciation tire sa **légitimité**, pour les évalués, de la qualité et de la clarté du contrat managérial passé en début d'exercice entre le responsable et ses collaborateurs :
- définitions des fonctions en termes de missions,
- fixation des objectifs quantitatifs et qualitatifs,
- mise en place des instruments de mesure, du suivi et des critères d'appréciation.

L'appréciation est **motivante et porteuse de sens** :
- quand elle intègre avec rigueur et précision :
  - l'évaluation des résultats quantitatifs,
  - l'évaluation des niveaux de contribution qualitative correspondant non seulement à la fonction occupée mais aussi aux grandes orientations de l'entreprise ;

- quand elle est transparente et cohérente dans ses conséquences (formation, rémunération, carrière pour les évalués).

Mise en œuvre de la sorte, l'appréciation est utile pour la direction générale, car elle permet de gérer rationnellement les ressources humaines de l'entreprise et de repérer les potentiels comme les performances ne répondant pas aux résultats attendus.

En ce sens, le système et la pratique de l'appréciation sont des responsabilités à fort enjeu pour les personnes, mais aussi pour l'entreprise. En conclusion, l'appréciation a pour objectifs majeurs :
- *de centrer les salariés sur le progrès de leurs résultats économiques* ;
- *d'orienter les performances sur des résultats qualitatifs en cohérence avec* :
  - les valeurs de l'entreprise,
  - les pratiques de management,
  - les spécificités des métiers et des fonctions ;
- *de motiver les salariés* :
  - ils prennent part, de manière active, à l'élaboration de leur appréciation dans un échange avec leur responsable, sur la base d'un « contrat » clair,
  - il existe, pour l'ensemble de l'entreprise et pour les différents niveaux hiérarchiques, des règles communes, des supports simples et clairs, faciles à utiliser ;
- *d'aboutir à une professionnalisation individualisée des salariés* : les informations et échanges obtenus lors de l'entretien servent de base de réflexion dans la mise en œuvre du projet individuel de formation ;

Évaluer les résultats et apprécier les performances

– *L'entretien annuel d'appréciation est, pour nous, à travers le cadre responsable :*
  - *une communication institutionnelle pendant l'entretien, mais aussi après l'entretien dans ses conséquences officielles (salaire et carrière) ;*
  - *une communication personnelle et constructive entre le responsable et son collaborateur dans un échange le plus libre possible. Ce dialogue porte sur la performance, les points forts et les points faibles, sur la fonction et les différentes voies de progrès, mais certainement pas sur la personne.*

Le cadre général de l'appréciation étant posé, comment conduire vos entretiens d'appréciation ?

1.1 – La conduite de l'entretien d'appréciation

Pour évaluer vos collaborateurs, les responsables que vous êtes disposent d'un outil efficace : l'entretien d'appréciation. Cependant les freins à la mise en œuvre de l'entretien d'appréciation sont nombreux. En voici quelques illustrations tirées des commentaires faits par des participants au cours de séminaires animés sur ce thème :

– « L'entretien d'appréciation n'a jamais rien changé, les difficultés pratiques subsistent. »
– « Vous savez, on se voit toute l'année et mes collaborateurs savent bien ce que je pense d'eux. »
– « Je ne suis qu'un exécutant. »
– « Moi, je veux bien faire des entretiens mais je n'ai aucun pouvoir. »
– « Est-ce que ça les intéresse ce que je pense d'eux ? »
– « Je ne peux rien leur promettre en fin d'année. »
– « Quand voulez-vous que je trouve le temps ? »

Les multiples objections invoquées, quant à l'intérêt de mettre en œuvre ce type d'entretien, soulignent les difficultés rencontrées, vécues, aussi bien par vous-mêmes que par vos collaborateurs dans cette situation de face à face.

L'entretien d'appréciation se situe dans le contexte d'une double relation d'influence (supérieur / subordonné).

Chacun craint d'avoir à exprimer ou à entendre des messages difficiles à accepter psychologiquement.

Les retombées possibles en termes d'estime de soi, d'« image de marque » peuvent être importantes.

L'implication de chacun est donc très forte dans ce type d'entretien. Celle-ci est d'ailleurs augmentée par les enjeux de l'entretien d'évaluation.

1.2 – Les enjeux de l'entretien d'appréciation

- Apprécier le collaborateur par rapport à son travail, dans sa fonction (et inversement).
- Faire le bilan de l'année écoulée.
- Négocier les objectifs de l'année à venir.
- Proposer la formation nécessaire pour mieux tenir la fonction.
- Proposer, le cas échéant, la délégation d'une mission spécifique.
- Servir de base pour établir les augmentations individuelles.
- Envisager le profil de carrière du collaborateur (promotion/mutation).
- Développer une relation de qualité avec votre collaborateur.

Évaluer les résultats et apprécier les performances

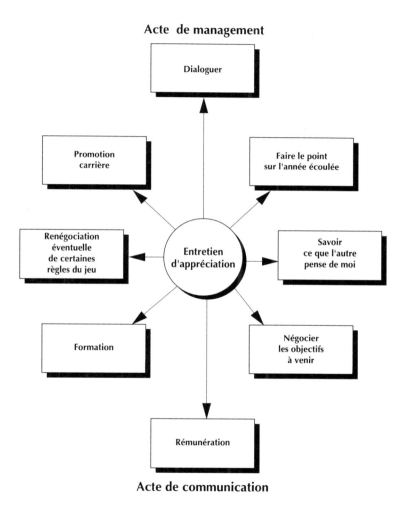

Figure 4.1. Les enjeux de l'entretien d'appréciation

L'importance de ces enjeux positionne l'outil entretien d'appréciation comme un des **actes de management** les plus difficiles à assumer et comme un **moment privilégié de communication** et d'échanges entre vous et votre collaborateur. Cependant, on l'a vu, mener un entretien d'appréciation n'est pas une fin en soi. Cet acte de management et de communication ne prend sens que considéré comme un outil majeur de la gestion prévisionnelle du personnel. C'est pourquoi il vous appartient de créer les conditions de la réussite (figure 4.1.).

2 – Une préparation réciproque

Préparer de votre côté l'entretien et le faire préparer par vos collaborateurs, c'est vous donner les moyens de la réussite. Tout au long de l'année écoulée chacun aura recensé les **faits** et **résultats** significatifs, sur un carnet de bord personnel, c'est-à-dire :
– les faits essentiels,
– les résultats obtenus,
– les initiatives importantes prises dans tel ou tel domaine,
– tout ce qui atteste de façon prégnante d'une évolution positive par rapport à l'année précédente.

La préparation s'intéresse également à l'année à venir :
– proposition des objectifs pour l'année à venir,
– engagement du collaborateur sur les points à améliorer,
– « règles du jeu » à modifier dans la relation entre les deux individus.

La préparation représente un investissement dont les gains majeurs peuvent se décliner comme suit :
- *l'entretien se déroule dans un état d'esprit positif* :
  il représente alors une occasion de dialogues, d'échanges, de confrontations fructueux ;
- *le collaborateur est à même de faire sa propre évaluation* :
  il sait quoi dire, comment le dire, ce qui lui permet d'être plus actif et surtout plus détendu tout au long de l'entretien ;
- *un gain de temps* :
  les temps morts, les silences disparaissent, chacun sachant ce qu'il a à dire ;
- *initiatives et responsabilités sont plus faciles à prendre pour le collaborateur* :
  plus actif au cours de l'entretien, il n'hésitera pas à faire de même dans sa fonction.

Se centrer sur l'essentiel

Le dernier avantage d'une préparation réciproque est le fait de pouvoir porter l'attention sur les faits marquants qui ont jalonné l'année écoulée et non pas seulement sur les plus récents. Cette préparation permet donc d'établir un « panorama complet ».

3 – Les étapes clés de ce type d'entretien

L'accueil

Nombre d'entre vous ont tendance à entrer directement dans le « vif du sujet » c'est-à-dire à débuter l'entretien par la phase d'évaluation des résultats, sans laisser le temps à votre collaborateur de s'installer.

Vous vous étonnez ensuite des réactions possibles de celui-ci :
- agressivité en retour,
- peu d'expression (il faut lui « tirer les vers du nez »),
- un collaborateur sur la défensive.

L'importance des enjeux de ce type d'entretien amène souvent une tension, une inquiétude chez le collaborateur. Vous avez donc intérêt à le rassurer :
- détendre l'atmosphère,
- l'inviter à s'installer confortablement,
- vous vous exprimez calmement,
- vous vous montrez vous-même détendu,
- vous vous donnez les moyens de votre disponibilité (vous vous inscrivez aux « abonnés absents »).

Vous le rassurerez également en lui rappelant la structure de l'entretien :
- rappelez les objectifs,
- rappelez les enjeux,
- précisez la durée,
- rappelez les « règles du jeu » et l'état d'esprit qui président à cet entretien,
- précisez les étapes, le déroulement de l'entretien.

Donner à votre collaborateur, le temps de s'installer, de se mettre à l'aise, sont des paramètres à prendre en compte si vous voulez conduire un entretien dans un esprit de coopération afin d'aboutir à un résultat tangible.

4 - Le bilan

La phase de bilan comporte deux étapes :
- auto-évaluation par le collaborateur,
- appréciation du responsable.

4.1 – Auto-évaluation par le collaborateur

Mener un entretien d'évaluation ne se confond pas avec le fait de « jouer au maître d'école qui réprimande ou punit le mauvais élève ! »

En tant que responsable, vous devez être vigilant à laisser votre collaborateur porter sa propre évaluation. Vous ferez en sorte d'écouter activement votre interlocuteur en évitant de l'interrompre, excepté dans les cas suivants.

Le collaborateur :
- s'écarte de l'objectif,
- se contente d'énumérer des résultats bruts,
- adopte un discours flou, se base sur des opinions.

Chacun sait s'il a été efficace ou inefficace, chacun connaît ses points forts, ses points faibles. Laisser votre collaborateur faire sa propre évaluation est d'autant plus important qu'on accepte plus aisément les critiques positives ou négatives venant de soi que des autres. En outre, cette auto-évaluation permet d'éviter de rentrer dans un jeu sans fin de réfutation/justification, arguments/contre-arguments.

Mener un entretien d'appréciation, c'est faire en sorte de passer du tac au tac au tic-tac. C'est développer la coopération et la complémentarité en évitant la partie de ping-pong où chacun se renvoie la balle.

À l'issue de cette phase, vous reformulez les points clés évoqués par votre collaborateur pour vérifier votre bonne compréhension.

4.2 – Appréciation du responsable

C'est la phase la plus sensible de l'entretien et la plus délicate pour le responsable. Vous allez donc donner votre propre évaluation, faire ressortir les points forts et les points à améliorer ainsi que les raisons qui vous amènent à porter cette évaluation. À vous de savoir donner les compliments, mais aussi faire les critiques qui s'imposent. À vous aussi d'accepter les critiques et de savoir en tenir compte.

Mener un entretien d'appréciation, **c'est évaluer les résultats, non la personne**. On évalue l'atteinte des résultats par rapport aux normes et aux objectifs définis l'année précédente, à partir de faits précis. L'évaluation porte donc essentiellement sur la mesure des écarts par rapport aux objectifs standard de performance.

Apprécier, c'est évaluer les résultats ainsi que les conditions qui ont permis d'atteindre ou non les objectifs. C'est aller au-delà d'une pure et simple mesure objective pour analyser ce qui s'est passé et dans quelles conditions. Évaluer, on le constate, c'est aussi et surtout mettre en œuvre un certain état d'esprit. Quelques questions pour étayer et nuancer votre évaluation :
  – Les conditions d'atteinte de l'objectif étaient-elles réunies ou pas ?

Évaluer les résultats et apprécier les performances

- Des modifications sont-elles intervenues en cours d'année ?
- Quelles ont été leurs incidences (en plus ou en moins) dans l'atteinte des objectifs ?
- À quel niveau de qualité du travail est-on parvenu ?
- Quel a été le degré d'autonomie de la personne dans l'atteinte des objectifs ?

Entre l'évaluation des deux interlocuteurs, une différence de perception peut se faire jour. Il s'agit alors de trouver un ajustement quant à l'appréciation à formaliser :
- prendre plusieurs exemples concrets portant sur l'ensemble de l'année écoulée ;
- savoir sur quoi (sur quels éléments factuels précis) se base la personne pour étayer son évaluation ;
- rappeler le critère d'évaluation ;
- en fonction de la situation trouver un terrain d'entente.

À l'issue de cette phase, vous vérifiez l'accord de votre collaborateur en ce qui concerne l'appréciation qui sera formalisée.

5 – L'engagement réciproque

Responsable et collaborateur vont s'engager sur :
- la définition des objectifs pour l'année à venir (avec les critères d'appréciation),
- ainsi que sur les moyens à mettre en œuvre pour améliorer les points faibles.

Hormis certains objectifs qui peuvent, en fonction des situations, être non négociables, nous préconisons d'adopter une attitude de coopération. En effet, plus le collaborateur aura son mot à dire concernant les objectifs qui lui seront assignés en cette fin d'entretien, plus il les fera siens, plus son adhésion et sa motivation seront importantes. L'enjeu est donc de taille !

Vous négocierez donc les objectifs à atteindre ainsi que les critères d'appréciation de la réussite, les délais, les moyens...

Partant de la motivation de votre collaborateur, vous laisserez celui-ci se fixer un ou deux « contrats de progrès » afin d'améliorer ses points faibles. Ces contrats de progrès seront formulés sous la forme d'objectifs. Charge au responsable que vous êtes de donner les moyens de la réussite (formation par exemple) à votre collaborateur.

6 - L'avenir

Cette phase de l'entretien doit vous permettre de faire le point quant à la façon dont votre collaborateur envisage son avenir à moyen terme dans l'entreprise :
- quels sont ses projets ?
- quelle perspective de carrière envisage t-il ?
- vers quels types de fonctions aimerait-il évoluer ?

C'est un moment délicat pour le responsable qui doit s'attendre à faire face à des demandes de mutation, de promotion. Il s'agit, pour vous, de donner, autant que faire se peut, des réponses claires quand aux souhaits émis par votre collaborateur et les possibilités réelles au sein de l'entreprise. Vous serez vigilant pour faire des promesses « réalistes », c'est-à-dire que vous serez certain de pouvoir tenir au risque de vous discréditer et de démotiver votre collaborateur.

7 – La conclusion de l'entretien

Arrivé au terme de l'entretien, vous ferez en sorte de prendre congé de votre collaborateur, de façon positive :
– invitez le collaborateur à donner son sentiment sur la façon dont s'est déroulé l'entretien,
– rappelez l'essentiel des constats et décisions pris en commun,
– réaffirmez votre disponibilité en cas de besoin,
– précisez la date de votre prochaine rencontre.

L'engagement des deux interlocuteurs est matérialisé par la cosignature du formulaire. Cet engagement réciproque est le gage d'une coopération fructueuse pour l'avenir, et développe des relations contractuelles basées sur la confiance et le respect mutuel.

8 – Se donner des critères d'efficacité personnelle

Certains responsables éprouvent parfois le sentiment confus que le courant ne passe pas alors que le collaborateur se montre satisfait de la façon dont se déroule l'entretien. D'autres fois, bien sûr, c'est l'inverse qui se produit. Il importe donc de se doter de critères de référence qui n'empêchent pas de se fier à son intuition et à son vécu personnel de la situation.

Tout en menant votre entretien, vous resterez vigilant à surveiller l'évolution de celui-ci. Les critères qui suivent vous serviront d'indicateurs. Ils témoignent d'une relation efficace et de qualité.
- Vous apprenez des choses.
- Le temps de parole de votre interlocuteur est important.
- Votre collaborateur prend des engagements précis, datés.
- Il accepte vos commentaires et remarques.
- Il prend plusieurs fois l'initiative.
- Il a préparé l'entretien.
- L'entretien permet d'aborder des aspects professionnels non prévus initialement.
- Il vous pose régulièrement des questions.
- Il fait lui-même sa propre évaluation.

Évaluer les résultats et apprécier les performances

9 – Les différentes phases de l'entretien d'appréciation

Voir figure ci-dessous

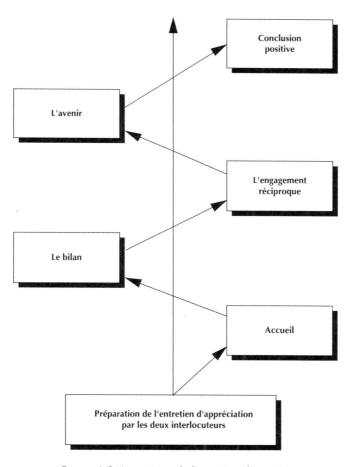

Figure 4.2. Les enjeux de l'entretien d'appréciation

10 – Les pièges à éviter

À l'inverse des points précédents, voici quelques conseils pour devenir un parfait perdant en matière d'appréciation :
- faire un monologue,
- apprécier la personne (porter des jugements de valeur sur la personne),
- jouer au maître d'école qui corrige le mauvais élève,
- ne mettre en avant que les points faibles,
- estimer que vous n'êtes pas impliqué dans ce type d'entretien,
- éviter d'aborder les situations à problème,
- s'appuyer sur des opinions pour évaluer,
- chercher à manipuler le collaborateur,
- ne rien dégager de concret de l'entretien,
- débuter et terminer l'entretien par un reproche,
- comparer le collaborateur aux autres membres de l'équipe,
- raisonner en termes de tout ou rien, c'est bon ou mauvais,
- se référer aux quinze derniers jours et non aux réalisations de l'année passée,
- improviser en permanence,
- mener l'entretien en présence d'un tiers.

5

Adresser une critique et gérer les conflits

Devoir adresser une critique, être amené « à trancher », à « jouer le médiateur » sont des situations que tous les responsables rencontrent et qui les mettent le plus souvent mal à l'aise.

Mal à l'aise parce qu'ils ne savent pas comment s'y prendre, mal à l'aise parce qu'ils ne savent pas quelle attitude adopter, ou comment exprimer tel ou tel reproche. Or, c'est précisément au comportement de leur responsable, dans ces situations difficiles, que les collaborateurs sont les plus vigilants et les plus sensibles.

Nous vous proposons donc quelques outils et méthodes qui vous serviront de repères.

1 - Savoir adresser une critique justifiée

Adresser une critique n'est pas une situation aussi simple qu'il n'y paraît à gérer. Nous en voulons pour preuve le fait que certains responsables hésitent deux à trois jours avant de passer à l'action, d'autres passent sous silence la critique en espérant éviter ainsi d'entrer dans des relations conflictuelles avec leurs collaborateurs. C'est pourquoi avant de vous dire comment faire, comment s'y prendre dans une telle situation, nous vous proposons tout d'abord de faire le point sur les erreurs à ne pas commettre.

1.1 – Les pièges à éviter

Nous vous proposons tout d'abord de faire le point sur les pièges à éviter dans ce type de situation.

Le cadre du blâme (ou les questions à éviter)

De façon assez classique lorsqu'un responsable adresse une critique à l'un de ses collaborateurs il a tendance à le considérer comme « coupable » et à le « sermonner ». Il met en œuvre dans ce cas ce que l'on appelle le « cadre du blâme » :
– Pourquoi avez-vous ce problème ?
– Est-ce que c'est si grave que cela ?
– Comment avez-vous fait pour en arriver là ?
– À qui la faute ?

Les collaborateurs, quant à eux, réagissent à ce type de situation, en mettant le plus souvent en œuvre l'un ou l'autre de ces deux comportements (Figure 5.1.) :
– l'agressivité en retour (le ton monte),

Adresser une critique et gérer les conflits

– la soumission stratégique (je ne dis rien mais je n'en pense pas moins).

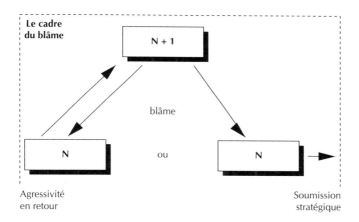

Figure 5.1. Le cadre du blâme

S'il est évident qu'aucune de ces réactions n'est efficace, soulignons cependant que la responsabilité est **partagée**. La manière dont vous adressez la critique joue en effet un rôle important dans la réaction de votre collaborateur :

« Le comportement de l'autre est une réponse à mon propre comportement. »

La généralisation (ou les quatre mots à éviter)

Lorsqu'un responsable adresse une critique à l'un de ses collaborateurs, il a souvent tendance à vouloir donner du poids à ses propos en généralisant le comportement en cause, en utilisant les mots suivants :
– jamais,
– encore,

- toujours,
- rien.

Exemple : « Monsieur Dupont, vous êtes **encore** en retard ! »

Ces quatre mots ont tendance à provoquer, en retour, une « poussée d'adrénaline » de la part du collaborateur.

Si vous voulez adresser une critique de façon efficace, évitez de rechercher **le coupable**, de généraliser, et faites en sorte d'être **constructif** dans cette situation.

1.2 – Le D.E.S.C.

Décrivez les faits

Au lieu d'appuyer vos propos sur des sentiments, des opinions, des « on-dit », partez de **faits** précis qui sont par nature indiscutables.

Exprimez votre sentiment

Il s'agit d'exprimer ici les préoccupations que cette situation fait naître en vous. Dites « **je** » plutôt que « **vous** ».

Suggérez des solutions

Vous proposez les modifications susceptibles de faire cesser le désagrément.

Cette phase est importante, car la critique devient par le fait même **constructive** (oriente la discussion vers la recherche de la solution).

Soyez convaincant

Convaincre en montrant à la personne l'intérêt qu'elle a à mettre en œuvre l'une ou l'autre de ces suggestions.

Pour être efficace, il importe de respecter la chronologie de ces quatre étapes.

2 - La gestion des conflits

« *L'homme est un loup pour l'homme* », écrivait HOBBES.

Divergences d'opinions, différences dans les méthodes, oppositions dans les objectifs, luttes intestines pour le pouvoir, rivalités inter-services, sont-elles inéluctables ? Le conflit fait-il partie de l'essence même de l'homme ou peut-on, tout en restant réaliste, caresser l'espoir que penser :
– émulation ne signifie pas nécessairement compétition ?
– différence ne signifie pas nécessairement opposition ?
– désaccord ne signifie pas nécessairement affrontement ?

La fonction régulation du manager prend ici tout son sens. Les enjeux présents et à venir surgissent au grand jour :
– transformer la compétition en saine stimulation,
– intégrer les différences, sources d'enrichissement,
– gérer les désaccords, puits de l'évolution,
afin que tous et chacun gardent présent à l'esprit et œuvrent ensemble à l'atteinte des objectifs individuels et collectifs en même temps qu'à la pérennité de l'entreprise.

2.1 – Autodiagnostic

Repérez vos attitudes dominantes en matière de gestion des conflits.

Cet autodiagnostic comporte quatre situations. Pour chacune de ces quatre situations, cinq propositions vous sont faites : A, B, C, D, E.

Mettez un 1 devant la position que vous prendriez spontanément, un 2 devant la position que vous prendriez en second.

Première situation

Pierre est chef d'équipe en production et a sous sa responsabilité cinq ouvriers. Récemment, il a remarqué qu'un homme travaillant dans une équipe venait régulièrement converser avec un de ses ouvriers, Jean. La qualité du travail de Jean laisse à désirer et son manque d'attention a déjà provoqué plusieurs erreurs.

Cette situation crée de l'animosité chez les autres ouvriers.

Si vous étiez à la place de Pierre :

	Votre diagnostic
A/ vous parleriez à Jean, pour lui demander de restreindre ses conversations durant les heures de travail.	
B/ vous demanderiez à votre agent de maîtrise d'indiquer au chef de l'autre équipe de surveiller ses hommes de plus près.	
C/ vous confronteriez les deux hommes durant leur prochain entretien (Jean la personne de l'autre équipe et éventuellement son chef d'équipe) pour leur demander de s'expliquer et leur communiquer les conséquences néfastes de leurs attitudes sur le travail et l'ambiance.	
D/ vous ne diriez rien maintenant ; il serait fou de faire des histoires pour si peu de choses.	
E/ vous tenteriez d'apaiser les autres ouvriers. Il est important qu'il existe un climat de coopération.	

Deuxième situation

Solange est responsable du service contrôle de qualité des produits. Deux contrôleurs lui ont apporté des suggestions au sujet de l'acheminement des résultats des tests vers le personnel de la production. Paul pense qu'il faut communiquer les résultats au contremaître qui est le premier responsable. Jean, lui, croit que les résultats devraient être d'abord communiqués au chef d'équipe parce qu'il peut corriger les erreurs le plus rapidement possible. Les deux opinions semblent valables.

Si vous étiez à la place de Solange :

	Votre diagnostic
A/ vous prendriez la décision vous-même et demanderiez qu'on accepte votre décision.	
B/ vous attendriez que la meilleure solution demeure évidente.	
C/ vous diriez à Paul et à Jean de tout oublier. La question n'est vraiment pas importante.	
D/ vous réuniriez Paul et Jean pour examiner minutieusement leurs suggestions.	
E/ vous enverriez les résultats des tests au contremaître et chef d'équipe (même si cela exige plus de travail).	

Troisième situation

Roger est chef d'une équipe de quinze personnes. L'équipe travaille 2 × 8 heures : 5h 00 - 13h 00 / 13h 00 - 21h 00. Une personne de l'équipe du matin, Marc, arrive très souvent en retard, cela lui a été rapporté par plusieurs, or la carte de pointage de cette personne ne montre aucun retard.

Manager son équipe au quotidien

Si vous étiez à la place de Roger :

	Votre diagnostic
A/ vous confronteriez ouvertement la personne, lui diriez ce que vous pensez de lui, demanderiez des explications.	
B/ vous demanderiez à Marc de faire un effort sur ses horaires d'arrivée le matin.	
C/ vous ne vous adresseriez pas à Marc immédiatement ; cela pourrait le rendre méfiant.	
D/ vous lui diriez que les retards répétés sont connus et qu'en plus vous savez qu'il « truque » sa carte de pointage et vous le préviendrez que, au moment où il sera pris sur le fait, vous ferez ce qui est en votre pouvoir pour le sanctionner.	
E/ vous surveilleriez la personne en venant à l'heure d'embauche du matin pour vérifier vos présomptions.	

Quatrième situation

Guy est responsable d'une équipe de contrôle qualité.

Le service production a régulièrement fait appel aux services des contrôleurs pour vérifier la qualité des produits. Cela n'a pas causé de problème puisque le travail demandé est ponctuel et correspond à la mission du service contrôle qualité. Depuis peu, par contre, le service production demande que quatre personnes du contrôle qualité soient constamment en production pour multiplier les contrôles. Or, cela désorganise totalement le travail du service contrôle qualité.

Adresser une critique et gérer les conflits

Si vous étiez à la place de Guy :

	Votre diagnostic
A/ vous ne feriez rien pour le moment. La situation devrait se régulariser sous peu.	
B/ vous tenteriez d'arranger les choses avec le responsable du service de production et votre équipe ; tout le monde a du travail et un conflit n'arrange rien.	
C/ vous céderiez deux de vos « contrôleurs » au service production.	
D/ vous rencontreriez le responsable de la production pour trouver une façon de satisfaire à ses exigences sans pour autant affecter la production.	
E/ vous demanderiez au directeur de mettre un frein aux exigences du service de production.	

Dans l'exercice quotidien du management de proximité, vous êtes confronté à une diversité de conflits :

- à l'intérieur de l'entreprise à l'occasion d'une réforme de structures qui fait réapparaître des intérêts et objectifs divergents entre services, (*exemple : commerciaux et production*) ;
- à l'occasion de l'apparition d'une nouvelle méthode de travail (informatique) ;
- à l'intérieur de la ligne hiérarchique (*exemple : l'arrivée d'un nouveau responsable au management très autoritaire et centralisé*) ;
- au sein de l'équipe, à l'occasion d'une modification des règles du jeu ;
- entre deux personnes qui ont accumulé des contentieux ;
- à l'extérieur de l'entreprise à l'occasion de litiges avec des clients ou des fournisseurs.

Ces différents exemples attestent d'un fait :
le conflit est inévitable et constitue un élément naturel de la vie professionnelle, la charge incombe ensuite au responsable d'en faire l'occasion d'une évolution.

L'origine et l'analyse des causes

Analyser l'origine réelle du conflit constitue le premier réflexe à mettre en œuvre pour le responsable. En effet, la forme du conflit peut apparaître d'ordre social (*exemple : le désaccord entre deux personnes*), mais son origine peut être d'ordre structurel (*exemple : les objectifs contradictoires entre les deux services d'appartenance*).

Traditionnellement, on a coutume de distinguer deux dimensions qui déterminent l'émergence des conflits :
- la dimension organisationnelle, c'est-à-dire la structuration de l'entreprise en différents services aux objectifs plus ou moins convergents ;
- la dimension sociologique, c'est-à-dire les intérêts individuels liés aux statuts et à la zone de liberté des acteurs.

Vous avez donc tout intérêt à **prendre du recul** par rapport aux situations vécues afin de les objectiver, autant que faire se peut, en les restituant à l'intérieur de la dynamique organisationnelle. En outre ce recul vous permet de **lire** les événements et de les analyser au travers de deux prismes différents et complémentaires que sont la nature des conflits en jeu ainsi que leur mode d'expression. Cette **analyse** vous permettra ensuite de choisir l'attitude la plus adaptée à la situation (Figure 5.2.).

Adresser une critique et gérer les conflits

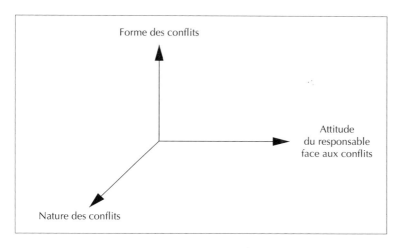

Figure 5.2. Les conflits

La nature des conflits

Vous pouvez distinguer les conflits auxquels vous êtes confrontés, en portant votre attention sur la nature des désaccords exprimés :

Le désaccord sur les faits

Chacun des protagonistes a sa vision, son interprétation des faits.

Exemple : un collaborateur soutient qu'une note a circulé sur le sujet, un autre dit le contraire.

Le désaccord sur les méthodes

C'est sans doute le plus fréquent. Il concerne les méthodes, les procédures, les moyens à mettre en œuvre pour atteindre un objectif.

Le désaccord sur les objectifs
Le désaccord porte sur le but que l'on veut atteindre.
> *Exemple : un collaborateur veut faire passer la sécurité avant la productivité.*

Le désaccord sur les objectifs (*bis*) ou sur les personnes
Deux personnes sont susceptibles de prendre comme prétexte un désaccord sur les objectifs afin de camoufler le problème réel : incompatibilité d'humeur.
> *Exemple : deux personnes en compétition (mêmes objectifs) ou en opposition (intérêts divergents).*

Le désaccord sur les valeurs
Ces conflits sont le plus souvent ingérables. « Les goûts et les couleurs, ça ne se discute pas » dit le bon sens commun. Il en est le plus souvent de même ici. Le désaccord porte, vous l'avez compris, sur des différences d'appartenance idéologique, religieuse, morale...

La forme des conflits
En fonction des situations, des intérêts, du pouvoir de chacun les conflits peuvent prendre différentes formes :

Le conflit « TEST »
Les personnes pensent OUI, disent NON.

Un des protagonistes veut « tester » l'autre. Il s'agit de repérer comment réagit l'autre à telle ou telle situation.
> *Exemple : tester la réaction d'un nouveau responsable à l'humour, au stress.*

Le « conflit ouvert »
Les personnes pensent NON et disent NON, le désaccord est clairement exprimé.

Adresser une critique et gérer les conflits

Le « conflit larvé »
Les personnes pensent NON et disent OUI.
Le désaccord existe, mais il n'est pas exprimé ouvertement. Repérer ce type de conflits nécessite pour l'encadrement de s'appuyer sur un certain nombre d'indicateurs : l'augmentation de l'absentéisme, du turn-over, des litiges ou contentieux clientèle, des rumeurs... la diminution de la productivité, des indices qualité.

Les attitudes dans les conflits

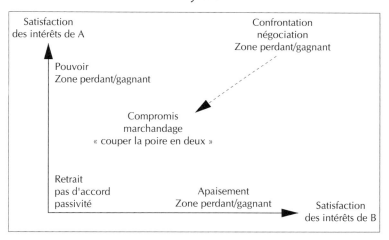

Figure 5.3. Les attitudes dans les conflits

Bien évidemment, il n'y a pas de « bonne » ou de « mauvaise » attitude en soi. Le choix de l'une ou l'autre dépend de la prise en compte d'un certain nombre d'éléments tels que :
– les pouvoirs de l'un et de l'autre,
– les enjeux,
– les règles du jeu en vigueur,

Manager son équipe au quotidien

- la stratégie à court ou moyen terme,
- les coûts humains et financiers,
- la volonté de maintenir ou non la relation,
- la personnalité de chacune des personnes.

2.2 – Grille de dépouillement
(attitudes possibles et leurs conséquences)

Situations de l'autodiagnostic

Positions	1	2	3	4
A	Pouvoir	Pouvoir	Confrontation	Retrait
B	Compromis	Retrait	Compromis	Compromis
C	Confrontation	Apaisement	Retrait	Apaisement
D	Retrait	Confrontation	Pouvoir	Confrontation
E	Apaisement	Compromis	Apaisement	Pouvoir

Sur les huit choix que vous venez d'effectuer (un ou deux cumulés) : comptez le nombre de choix qui correspondent à chacune des attitudes possibles.

Exemple : 2 Apaisement
3 Retrait
1 Compromis
1 Pouvoir
1 Confrontation

Repérez vos attitudes dominantes en matière de gestion des conflits et interrogez-vous sur ce à quoi cela vous renvoie.

Adresser une critique et gérer les conflits

Restituée dans le cadre des relations hiérarchiques, chaque attitude présente des avantages et inconvénients respectifs.

En voici quelques-uns.

ATTITUDES	AVANTAGES	INCONVÉNIENTS
RETRAIT	– Laisse le temps de la réflexion – Nécessite peu d'énergie et de temps – Désamorce les conflits de personnes et de valeurs – Permet aux personnes concernées de gérer elles-mêmes la difficulté	– Favorise, dans certains cas, l'escalade du conflit – Peut être perçu comme une faiblesse exploitable – Une démission par rapport à son rôle de responsable
COMPROMIS	– Peut décristalliser la situation – Crée un esprit de conciliation – Permet à chacun de conserver sa position	– Solution souvent routinière – Suscite le marchandage – Laisse les protagonistes sur une impression de « pas fini »
DOMINATION	– Solution rapide – Peut sécuriser – Satisfaction d'avoir tranché	– Développe la passivité et la soumission stratégique – Risque d'interrompre l'engagement du collaborateur – Donne un esprit de revanche au perdant
CONFRONTATION NÉGOCIATION	– Renforce la confiance – Solution à long terme – Favorise (expression de chacun) – Développe la motivation	– Nécessite du temps et de l'énergie – Peut être vécue comme insécurisante – Tout ne se négocie pas – Peut être perçue comme une faiblesse.
APAISEMENT	– Adapté si l'enjeu est minime – Calme les esprits – Sécurise à court terme – Améliore la relation	– Peut être perçu comme le refus de prendre ses responsabilités – Peut oblitérer un conflit larvé

La difficulté majeure du responsable réside dans le choix de l'attitude à mettre en œuvre. Deux cas de figures peuvent se présenter :

© Éditions d'Organisation

1) vous êtes directement concerné par le problème,
2) vous êtes extérieur au conflit et l'on attend de vous que vous décidiez et agissiez pour mettre fin au conflit.

1) Vous êtes directement concerné par le problème

C'est bien sûr la situation la plus délicate à assumer pour le responsable.

Impliqué dans le conflit, vous vivez la situation affectivement et perdez, par là-même, le recul nécessaire. Outre les enjeux du conflit en lui-même, vous subissez une pression supplémentaire par les enjeux personnels qui viennent s'ajouter à ceux du conflit. En effet, le conflit ainsi que le processus utilisé pour aboutir ou pas à une solution mettent directement en cause votre image, votre style de management, l'appréciation que vos pairs et vos supérieurs porteront sur vous ainsi que la qualité et la confiance dans les relations à venir avec votre équipe. Le poids de ces **enjeux d'image** est tel qu'ils prennent parfois le pas sur les enjeux du conflit lui-même, et amènent le manager à adopter des attitudes qui lui permettront de **sauver la face**, de **sauvegarder son image** au détriment d'une résolution réelle et efficace du conflit. Dans ce contexte, le responsable choisit souvent une solution gagnant/perdant.

C'est ainsi que l'un utilisera son **pouvoir de chef** pour prendre une décision autoritaire sans commune mesure avec le problème rencontré. Un autre, à l'inverse, vivant mal ces situations conflictuelles, se réfugiera dans la technique de son métier, en évitant soigneusement de voir **le problème**. Un autre enfin, jouera au chat et à la souris, avec les autres protagonistes, en faisant tour à tour « un pas en avant, un pas en arrière », ou en adoptant une attitude paternaliste en proposant de « couper la poire en deux » afin de satisfaire tout le monde pour finir par décevoir chacun.

Choisir, prendre une décision, est un exercice difficile ! La légitimité de la fonction du manager est ici en jeu !

Pour une démarche efficace
Résoudre un conflit de façon efficace nécessite d'appréhender le problème dans un certain état d'esprit, en respectant une éthique (respecter les intérêts et enjeux de chacun et faire en sorte de ne léser personne) et en ayant la ferme volonté d'aboutir.

Un certain état d'esprit
Vous devez être convaincu que le conflit est source d'évolution. Il n'est plus seulement source de stress (au manager d'assumer) mais également opportunité, occasion de changement (en évitant l'écueil du changement pour le changement).

Le conflit devient un instrument dans les mains du responsable que vous êtes qui va ainsi le mettre à profit pour écouter, échanger sur les désaccords. Il s'agit d'aborder le conflit selon une vision positive, source de sens.

Respecter une éthique
Pour les raisons évoquées précédemment (enjeux d'image), un certain nombre de managers ont tendance dans ces situations difficiles, à en oublier de respecter une certaine éthique, privilégiant leurs intérêts personnels.

C'est faire fi des conséquences négatives que cela peut engendrer et pour longtemps. Mettre en œuvre une éthique, c'est jouer gagnant/gagnant. C'est respecter les intérêts et enjeux de chacun et faire en sorte de ne léser personne. C'est ne pas tromper l'autre même si lui essaie.

Affirmer sa volonté d'aboutir

Avoir la volonté d'aboutir et l'affirmer haut et fort participe de cet état d'esprit positif et induit un comportement de coopération plutôt que de compétition ou d'opposition. Votre rôle consiste donc à mettre en œuvre un comportement de négociateur dans une situation de face à face et à exercer une pression sur l'objectif à atteindre :

> trouver une situation adaptée où chacun trouve son compte.

La Méthode A.B.C.D. ou les points clés d'une négociation efficace[1]

Abordez séparément les questions liées aux personnes et l'objet du désaccord.

Basez votre attention sur les intérêts en jeu et non sur les positions.

Créez un nombre suffisant de solutions complémentaires donnant des gains réciproques (pas nécessairement égaux).

Déterminez des critères vérifiables de l'accord.

Règles de base :

— connaître son objectif et son intérêt,

---

1. Ury (R.W.)., *Comment réussir une négociation*, Le Seuil, Paris, 1982.

- ne pas confondre intérêt et position,
- accepter et reconnaître le pouvoir de l'autre,
- chercher à connaître l'objectif de l'autre,
- jouer la confiance non naïve,
- être concret,
- déterminer au préalable ce qui est :

Non négociable	Point sur lesquels je peux jouer	Zone de rupture

2) Vous êtes extérieur au conflit et on attend de vous que vous décidiez et agissiez pour mettre fin à la situation

Souvent sollicité en « dernière instance » pour résoudre un conflit, pour trancher, vous pouvez intervenir en vous positionnant comme « médiateur » et mettre en œuvre la démarche suivante.

L'objectif est d'amener les personnes à coopérer dans la recherche de solutions satisfaisantes pour chacun.

a) Demandez successivement à chacun ce qu'il veut et en quoi c'est important pour lui.
À ce stade les objectifs sont le plus souvent formulés en termes de position.

b) Reformulez ce que chacun a dit jusqu'à obtenir un accord.

c) Demandez à chacun ce que va lui apporter l'atteinte de son objectif. Cette phase favorise la formulation des objectifs sous forme d'intérêts.

d) Formulez un but commun jusqu'à ce que chacun des protagonistes soit d'accord avec votre formulation.

Cette quatrième phase permet d'élargir le cadre de réflexion.

e) Vérifiez chez chacun des interlocuteurs l'adhésion à la demande coopérative.
f) Donnez des éclairages sur la situation, sans prendre position.
g) Soyez une force de propositions dans la recherche des solutions concrètes.
h) Ne décidez pas en lieu et place de vos collaborateurs mais exercez une pression pour qu'ils aboutissent.

Être responsable d'une équipe suppose de savoir accepter les désaccords et les conflits. Des capacités de négociation, voire de médiation, en situation de face à face vous sont nécessaires si vous voulez jouer pleinement votre rôle et passer des intérêts particuliers à l'intérêt général. Manager, c'est réguler des relations entre des personnes qui occupent des fonctions différentes, au sein d'un ensemble plus vaste, celui de l'entreprise, en recentrant chacun vers l'atteinte d'un but commun. Manager, c'est reconnaître le pouvoir de l'autre, c'est accepter de partager le sien. C'est gravir le chemin semé d'embûches qui va de la défiance interpersonnelle à la confiance mutuelle. C'est passer de relations gagnant/perdant à des relations gagnant/gagnant.

Ces cinq premiers chapitres vous ont permis de découvrir ou de mieux appréhender les méthodes et les techniques permettant l'exercice des responsabilités centrées sur l'organisation.

Pour des raisons pédagogiques, nous les avons traitées séparément. Dans la pratique, ces responsabilités sont liées

les unes aux autres et forment un ensemble cohérent qui permet à chaque collaborateur :
- d'avoir des repères stables pour mieux gérer les situations de plus en plus complexes qu'il rencontre et de mieux vivre les changements incessants qui se produisent ;
- de développer son identité par le biais de la contribution qu'il apporte à l'équipe et de l'accroissement de ses compétences ;
- de travailler dans un but précis (missions, objectifs) au service d'un projet commun, source de son sentiment d'appartenance.

Ces éléments nous apparaissent comme majeurs et indispensables pour la constitution d'une équipe efficace et cohérente (cohésion).

Deuxième partie

Entretenir avec son équipe des relations positives

Chapitre 6 • Informer pour donner du sens à l'action

Chapitre 7 • Déléguer en confiant des missions

Chapitre 8 • Organiser sa disponibilité pour mieux écouter et mieux communiquer

Chapitre 9 • Soutenir la motivation sans pouvoir augmenter les salaires

Chapitre 10 • Développer le rôle pédagogique de l'encadrement

6

Informer pour donner du sens à l'action

Savoir où en est l'avancement de tel ou tel dossier, être informé des décisions prises dans tel ou tel groupe de projet, connaître les résultats mensuels de telle ou telle équipe de commerciaux sur tel et tel produit correspondent aux informations que beaucoup d'entre vous se plaignent de ne pas voir remonter.

Connaître les objectifs et priorités de la direction, savoir ce qui va advenir d'eux à la suite de telle ou telle réforme de structure, être informé des résultats globaux de l'entreprise, sont les reproches en matière d'informations ou de manque d'informations que font le plus souvent les cadres ou agents de maîtrise participant à nos séminaires.

Ainsi, quelle que soit la fonction occupée par les uns ou les autres, chacun se plaint de la mauvaise circulation de l'information. Faut-il en déduire, pour autant, que celle-ci manque ?

Rien n'est moins sûr ! En effet, combien sont ceux qui se plaignent de crouler sous la paperasse ? Notes, comptes rendus, procès-verbaux, circulaires et réunions foisonnent. Ajoutons enfin l'agréable surprise de retrouver son bureau submergé de *post-it* après une absence de quelques jours.

Pour finir, plus personne ne sait différencier l'essentiel de l'anecdotique. Chacun oscille entre le fait de surinformer ou de sous-informer ses collaborateurs. Ceux-ci disent être informés quant aux questions de détails, et sous-informés quant aux priorités de leurs fonctions.

Ceci expliquant cela, l'information nécessaire et utile à chacun pour assumer au mieux ses responsabilités fait le plus souvent défaut au moment où l'on en aurait besoin, restant souvent comme on l'entend « bloquée sous le coude ».

– Quelles informations donner à ses collaborateurs ?
– Pour quoi faire ?
– Quels circuits utiliser pour les faire remonter, pour les faire descendre ou les faire circuler de service à service ?
– Quels supports choisir pour les transmettre au mieux ?

Ces questions correspondent aux interrogations auxquelles chaque responsable d'équipe est confronté.

Informer pour donner du sens à l'action

1 – Les différents types d'information

Chaque professionnel de l'entreprise a besoin d'un certain nombre d'informations que l'on peut distinguer selon la typologie suivante :

1.1 – L'information opérationnelle

Elle a pour but de définir la nature du travail à effectuer. Elle précise « **ce qu'il faut faire** » et se matérialise dans l'entreprise sous forme de directives.

1.2 – L'information organisationnelle

C'est permettre à chacun de « **savoir comment faire** », c'est-à-dire d'organiser l'information, de la restituer par rapport aux objectifs du service, de l'entreprise. Elle se matérialise sous forme de *check-list* de techniques de fabrication, de modes opératoires.

1.3 – L'information relationnelle

Elle permet à chacun de faire le lien entre les deux types d'informations précédents. C'est comprendre « pourquoi le faire ».

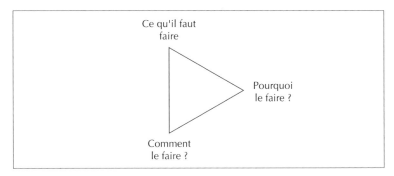

Précisons que sous la pression de l'événement, ce troisième type d'information est très souvent absent des informations données à ses collaborateurs. Les directives, contrordres, se succèdent ainsi sans qu'ils en connaissent les raisons, ni comment les relier à un objectif précis. Ne nous étonnons donc pas que, ensuite, la qualité du travail s'en ressente !

Rendre ses collaborateurs acteurs, c'est donner à chacun les informations qui vont lui permettre de comprendre :
– ce qu'il faut faire,
– comment le faire,
– pourquoi le faire.

1.4 – L'information connexe

C'est l'information qui n'est pas en lien direct avec la fonction occupée, mais qui permet de situer celle-ci au sein du service.

1.5 – L'information générale

Elle concerne, bien entendu, la stratégie de l'entreprise, les objectifs pour l'année en cours, les résultats obtenus, le positionnement de l'entreprise par rapport à ses concurrents...

Nombre de responsables, encore aujourd'hui, ont tendance à penser que ces informations n'intéressent pas leurs collaborateurs et ne les diffusent donc pas. C'est, à notre avis, commettre une erreur importante en matière de management et de motivation des hommes !

Informer pour donner du sens à l'action

2 - Les flux d'informations dans l'entreprise et leurs vecteurs

Chaque information provient d'une source, suit un chemin et parvient à un ou plusieurs destinataires. Source, chemin, destinataires constituent un flux.
Chacun d'eux a ses difficultés spécifiques.

2.1 – Information descendante

Source :   le responsable,
Chemin :   la voie hiérarchique,
Destinataires :   les collaborateurs.

Plus le nombre de relais hiérarchiques est important, plus cette information subit des déformations, des pertes.

Plus l'information reçue est proche de la source (D.G.), plus elle est utile à ses destinataires. Cela leur permet de mieux se situer au sein de leur service, de donner un sens à leurs actions, d'évaluer leur contribution à l'atteinte des objectifs.

Si cela semble pour beaucoup une évidence, il n'en reste pas moins vrai que certains d'entre vous ont encore tendance à garder une partie de l'information. Les conséquences de ce type de comportement sont désastreuses pour le manager.

En effet, vouloir conserver l'information par-devers soi (excepté celle qui est confidentielle), c'est perdre la confiance de ses collaborateurs, c'est diminuer son influence, c'est perdre de sa crédibilité.

À l'inverse, faire circuler l'information, c'est partager le pouvoir ; c'est reconnaître l'autre dans son identité ; c'est développer des relations fondées sur la confiance ; c'est échanger ; c'est communiquer. Le rôle de responsable est là.

Les principaux vecteurs de l'information descendante
- Les réunions formelles ou informelles,
- Les entretiens individuels,
- Les notes de service

sont les moyens les plus pratiques pour mettre en œuvre cette information.

Un exemple : une entreprise publique renommée vient de mettre en place LIRE, *lettre interne destinée aux responsables d'encadrement. Cette lettre bimensuelle leur donne les informations majeures quant aux décisions prises et changements à venir, charge à ceux-ci de transmettre l'information à leurs collaborateurs.*

2.2 – L'information ascendante

Source :   collaborateurs,
Chemin :   voie hiérarchique ou autre,
Destinataire :   hiérarchie.

Indispensable à tout membre de l'encadrement, la qualité et l'importance de l'information qui vous remonte est directement proportionnelle à :
- la qualité et l'importance de l'information que vous faites vous-même redescendre,
- la façon dont vous prenez en compte ou pas l'information que vos collaborateurs vous remontent,
- la **confiance** que vos collaborateurs vous accordent.

Il y a donc un rapport direct entre la pratique de l'information ascendante et le degré de confiance dont jouit une direction.

En outre, il est intéressant de constater que les règles du jeu en matière de *reporting* (rendre compte) font le plus souvent défaut dans les entreprises - sans doute assimile-t-on à la notion « rendre compte », pourtant indispensable, la connotation négative du mot « contrôle ».

Les principaux vecteurs de l'information ascendante

– Les réunions d'échanges
- Le responsable communique des informations destinées à provoquer les questions du personnel et à les tenir au courant de la marche de l'entreprise.
- La parole est alors donnée au personnel pour qu'il puisse poser toutes les questions qu'il souhaite.

– Les entretiens techniques individuels

À ne pas confondre avec les entretiens annuels, ils ont pour objectif de faire le point avec les membres de l'équipe sur la manière dont ils vivent leur fonction, et de leur donner l'occasion d'exprimer les idées, les suggestions, les projets qu'ils aimeraient développer.

Les réunions de résolution de problèmes, les séminaires de formation, l'entretien d'embauche ou de promotion, les réunions informelles, les « pots de départs » sont également des occasions de provoquer et d'obtenir des informations.

2.3 – L'information latérale

Source : collègues,
Chemins : multiples et variés,
Destinataires : collègues.

L'un des principaux maux de l'entreprise française réside dans son cloisonnement inter-services. Plutôt que de travailler en synergie vers l'atteinte d'un but commun : la satisfaction des besoins du client, les services ont souvent tendance à engager une compétition. Favoriser la circulation de l'information inter-services représente une condition *sine qua non* de l'efficacité des entreprises de demain.

Quels moyens mettre en œuvre ?
- vérifier la cohérence des objectifs inter-services,
- favoriser la mise en place de réseaux informels, individuels,
- mettre en œuvre un management par projets,
- développer dans l'entreprise des groupes « transverses »,
- utiliser les notes inter-services,
- mettre en œuvre des campagnes d'affichage sur des thèmes majeurs en y associant au maximum le personnel,
- développer la publication de *Flash Info* ou de journaux d'entreprise.

Ces moyens correspondent aux principaux vecteurs à mettre en œuvre pour développer l'information interne.

Élaborer une stratégie de communication interne ne suffit pas !

Les entreprises qui sauront en parallèle mettre en place une politique de communication externe en cohérence avec la politique de communication interne, sont à ne pas en douter, celles qui résisteront le mieux aux pressions du marché et pourront, en s'appuyant sur la synergie des compétences des professionnels de l'entreprise, prévoir les changements plutôt que les subir.

Les conséquences pour l'avenir des entreprises en seront radicalement différentes !

2.4 – Information syndicale

Source : *direction,*
Destinataires : *délégués du personnel,*
membres du comité d'entreprise provenant de l'entreprise,
représentants du personnel.

En général, ce flux est peu apprécié par les membres de l'encadrement qui ont tendance à se sentir ainsi court-circuités.

La réunion de ces instances oblige à la rédaction d'un procès-verbal qui nécessite un certain temps, durant lequel l'encadrement est le plus souvent démuni d'informations, ce qui n'est pas le cas des membres participant à ces réunions.

Une des façons de gérer au mieux cette difficulté consiste à réunir, à l'issue de la réunion, les principaux membres de l'encadrement afin de les informer sur les décisions qui ont été prises ou pas, de telle sorte qu'ils puissent réagir de façon adaptée aux questions que le personnel est susceptible de leur poser.

2.5 – Information extérieure

Source :   *environnement,*
Chemins :   *divers (presse, radio),*
Destinataires :   *membres de l'entreprise.*

Nombre de salariés se plaignent d'obtenir plus souvent des informations, parfois importantes, provenant de l'extérieur que de l'entreprise elle-même. S'il est évident que certaines informations doivent pendant un certain temps être tenues secrètes (exemple : négociations importantes avec un concurrent, rachat d'une entreprise, etc.), il convient cependant de ne pas négliger ce flux d'information et d'informer aussitôt que possible le personnel des décisions importantes, des changements à venir qui le concerne. Il est en effet très désagréable d'avoir le sentiment d'être le dernier informé d'une décision qui vous concerne en premier lieu.

3 – Les qualités d'une information efficace

Une information efficace doit être : exacte,
                                                         originale,
                                                         sélectionnée,
                                                         complète,
                                                         traitée,
                                                         objective.

Exacte :	elle distingue clairement les faits des opinions.
Originale :	elle apporte des éléments nouveaux au destinataire, dans son contenu, sa présentation ou ses conclusions.
Sélectionnée :	elle est formulée en tenant compte du destinataire, de l'objectif de la communication, du temps dont on dispose.
Complète :	elle fournit tous les éléments du problème.
Traitée :	elle est replacée dans son contexte d'origine, afin de pouvoir être exploitée efficacement.
Objective :	elle évite tout jugement de valeur, tout état d'âme.

La fonction information du responsable est, on le voit, essentielle.

La qualité et l'efficacité du travail de ses collaborateurs en dépendent.

Informer ses collaborateurs, c'est permettre à chacun :
- d'**adhérer** aux objectifs de l'entreprise,
- de mieux **situer sa fonction** au sein du service, de l'entreprise,
- de **donner un sens** aux actions qu'il mène, condition indispensable de la responsabilisation et de la prise d'initiatives,
- de **prendre des décisions** nécessaires là où il se trouve,
- d'**être reconnu** dans son identité et avec son pouvoir.

Informer prend du temps, mais, on l'a vu, le jeu en vaut bien la chandelle !

7

Déléguer en confiant des missions

Diriger, c'est faire faire ! Tout responsable d'encadrement a pour responsabilité d'obtenir des résultats, d'atteindre les objectifs fixés pour son service, son unité.

Pour que vous puissiez mener à bien cette mission, l'entreprise vous a conféré le pouvoir de confier à d'autres (vos collaborateurs) des tâches, des objectifs, des missions.

Il existe plusieurs modalités d'exercice de ce pouvoir et plus particulièrement de la délégation.

Cependant, si tout le monde s'accorde sur l'idée qu'il faut déléguer, dans la pratique, la réalité est quelque peu différente !

Et chacun trouve toujours de bonnes raisons pour ne pas déléguer.

1 - Les freins majeurs à la délégation

Les principaux obstacles à la délégation sont les suivants :
- l'hypercentralisation des décisions,
- l'abdication qui consiste à se débarrasser des problèmes et des responsabilités qui y sont liés,
- la méfiance du responsable par rapport à son délégataire,
- la quête du « sosie » qui procéderait à son image,
- le droit à l'erreur qui reste le plus souvent théorique,
- le contrôle qui s'avère généralement tatillon,
- le responsable qui a peur de perdre son pouvoir,
- la peur d'un collaborateur qui deviendrait un rival.

2 - Pourquoi déléguer ?

Si les obstacles à la délégation sont nombreux, à y regarder de plus près, les raisons qui encouragent une pratique volontariste de la délégation sont en nombre tout aussi important.

Ainsi peut-on déléguer pour :
- mieux gérer son temps,
- faire face à une surcharge de travail,
- utiliser et développer les compétences de ses collaborateurs,
- augmenter leur sens des responsabilités,
- développer la motivation au travail,
- installer la confiance.

Si la légitimité de la délégation n'est plus à prouver, son efficacité réside cependant dans son processus de mise en œuvre ; c'est-à-dire le « comment faire pour ? ».

3 – Les temps forts d'une délégation réussie

Déléguer, c'est confier à un collaborateur la réalisation d'objectifs négociés en lui laissant une autonomie réelle quant aux moyens et aux méthodes à mettre en œuvre à l'intérieur d'un cadre défini, et en faisant le point sur les résultats dans le cadre de processus de contrôle dont les modalités et la fréquence sont définies à l'avance.

Mettre en œuvre une délégation efficace suppose que vous ayez mené une réflexion précise.

3.1 – Que déléguer ?

Tout ne se délègue pas. Comme responsable, il vous appartient de distinguer parmi vos responsabilités celles que vous devez conserver (confidentialité, responsabilité à fort enjeu, activités très importantes) de celles que vous pouvez déléguer (importantes et secondaires).

3.2 – À qui déléguer ?

Le choix du délégataire est une des clés de la réussite de la délégation. Il dépend :
- des compétences requises pour mener à bien la mission,
- des compétences du collaborateur ou de ses capacités à les acquérir,
- de ses motivations,

- de sa disponibilité,
- de sa volonté d'élargir le champ de ses compétences.

Déléguer suppose donc une bonne connaissance de vos collaborateurs.

Une réponse positive à chacune de ces questions vous permet :
- de vous consacrer l'esprit libre à d'autres activités,
- de mettre en place un contrôle adapté (ni trop rigide, ni trop flou).

3.3 – Comment déléguer ?

Déléguer, c'est mettre en œuvre un processus ; c'est créer les conditions de réussite en respectant les étapes suivantes :

1) Proposer la délégation

Une délégation ne s'impose pas, elle peut être acceptée ou refusée ; vous veillerez donc à vérifier l'intérêt que porte le délégataire choisi à la mission.

Le droit de refuser fait partie intégrante de la délégation.

2) Délimiter le champ de la délégation

Vous précisez au délégataire les limites de la délégation, ainsi que les « **règles du jeu** » à mettre en œuvre.

Vous convenez ensemble :
- des responsabilités confiées et de leurs limites (en d'autres termes, jusqu'où la délégation peut-elle aller),

- **des droits et devoirs de chacun tout au long de la délégation**.

Vous rappelez les deux principes fondamentaux :
- La **coresponsabilité** :
  Déléguer, ce n'est en aucun cas abandonner ses responsabilités.
  Vous conservez la responsabilité quoi qu'il arrive, le délégataire est responsable devant son supérieur hiérarchique.
- L'**irréversibilité** sauf à vouloir démotiver votre collaborateur, une délégation ne se reprend pas en cours de route. La mission n'est retirée au délégataire qu'en cas de faute grave.

Le responsable s'engage à :
- informer le délégataire,
- l'aider en cas de difficultés, c'est-à-dire se rendre disponible en termes de temps si besoin est,
- appliquer dans les faits « **le droit à l'erreur** ».

Il importe que vous exprimiez très clairement à votre collaborateur qu'aucune sanction matérielle ou affective ne sera prise à son endroit en cas d'erreur. Cette « règle du jeu » permet au délégataire d'adopter un comportement beaucoup plus efficace, de prendre des décisions et initiatives en toute confiance et sérénité. À l'inverse, l'absence de cette règle du jeu amènerait chez lui un comportement frileux, une recherche constante de protection en sollicitant fréquemment votre accord avant toute décision, toute action.

Le délégataire quant à lui s'engage à :
- mener à bien la mission dans le temps imparti,
- accepter les formes du suivi qui seront négociées dans l'étape suivante,
- faire remonter en temps voulu les difficultés importantes rencontrées au cours de la mission.

Cette clarification du rôle respectif de chacune des parties prenantes est sans conteste le gage majeur de la réussite d'une délégation.

Vous pouvez vous consacrer, l'esprit libre, à vos autres activités.

Le délégataire se sent en protection et vit le suivi comme une opportunité motivante d'aide et d'échanges d'expérience plutôt que comme un contrôle rigoureux et tatillon.

3) Définir l'objectif

Confondre délégation et répartition des tâches est une erreur en termes de management.

Déléguer, c'est confier à une personne la réalisation d'un objectif ainsi que les responsabilités qu'il sous-tend ; cela ne peut en aucun cas se confondre avec le fait de donner une tâche à quelqu'un.

La notion de tâche transforme en effet le collaborateur en un simple exécutant qui se « soumettrait à un ordre ». Autonomie et motivation disparaissent du même coup.

La notion d'objectif renvoie au contraire à une logique de la responsabilité, de l'initiative.

Motivation et autonomie surgissent alors comme les éléments moteurs de la délégation.

C'est donc ensemble que manager et délégataire définiront l'objectif de la délégation ainsi que les critères d'appréciation de la réussite.

L'objectif sera ambitieux certes, tout en restant réaliste (*cf.* chapitre 2 sur la définition des objectifs).

Les critères d'appréciation de la réussite, quant à eux, seront définis en répondant à cette question : « Qu'est-ce qui nous permettra de dire que nous avons réussi dans cette mission ? »

Ces critères doivent tenir compte de l'objectif, du niveau de qualité souhaitée, de la plus ou moins grande expérience du délégataire dans le domaine au début de la mission. Celui-ci connaît ainsi, dès le début de la délégation, les critères à partir desquels sa performance sera évaluée.

4) Négocier les moyens

L'adhésion du délégataire obtenue sur l'objectif à atteindre, il convient de négocier avec lui les moyens nécessaires pour mener à bien sa mission. Ils peuvent être de nature différentes :
– financiers,
– humains,
– matériels et équipement,
– formation.

5) Contrôler

Déléguer, c'est rester responsable. Vous allez donc devoir négocier les formes du suivi.

Pour ce faire, vous aurez pris soin, au préalable, de vous poser la question suivante : « De quelles informations ai-je besoin pour suivre le déroulement de l'action, sans pour autant intervenir sur le processus ? »

Une réponse claire à cette question vous permettra de négocier une forme de suivi adaptée à l'importance de la mission ainsi qu'au niveau d'autonomie du délégataire. En effet, la nature et la fréquence du suivi sont variables et dépendent :
- de l'importance des risques liés à la mission déléguée,
- de la compétence et du niveau d'autonomie du délégataire.

Exemple : nous ferons le point chaque vendredi de 8 h à 9 h.

Ce suivi régulier vous permet :
- d'être informé de l'avancement de la mission,
- de faire le point par rapport à l'objectif et de mesurer le cas échéant les écarts par rapport à celui-ci,
- de remettre le collaborateur sur la bonne trajectoire en proposant des actions correctrices.

Ainsi, le contrôle n'est plus perçu comme coercitif, mais bien plus comme une aide que vous pouvez apporter à la demande du collaborateur.

Déléguer, c'est développer l'autonomie de ses collaborateurs

Tout au long du processus de délégation, une des difficultés majeures du responsable réside dans le fait de résister à sa volonté d'interventionnisme. Vous éviterez de dire « à votre place, je... ».

Déléguer c'est donc accepter de se mettre en retrait, c'est laisser son collaborateur faire sa propre expérience, le laisser découvrir puis affronter les difficultés de la mission.

Cependant, cela ne signifie pas pour autant l'abandonner à son sort.

Apporter une aide efficace

Votre rôle consiste à apporter à votre collaborateur l'information, l'aide et le conseil dont il a besoin lorsqu'il en formule la demande, et non pas à anticiper celle-ci.

Vous serez également vigilant à ne pas vous substituer à votre collaborateur en effectuant le travail à sa place ou en décidant en lieu et place de celui-ci.

Mise en œuvre de cette façon, la délégation prend tout son sens et devient un réel outil de formation et de motivation.

Évaluer

À l'issue de la mission, manager et délégataire établissent le bilan de l'expérience de cette délégation.

Cette dernière phase est largement facilitée par la définition préalable de l'objectif ainsi que de ses critères d'appréciation. Chacun sait déjà ce qu'il en est.

L'objectif de cette étape est d'aboutir à un accord sur les points suivants :
- quelles sanctions positives sont possibles ?
- quelle suite donner à cette expérience positive ?
- faut-il passer d'une délégation temporaire à une délégation permanente ?

Enfin, **il est essentiel** que le responsable sache reconnaître **la paternité de la réussite** de la délégation à son collaborateur.

Comme on le voit, mettre en œuvre cette démarche, c'est, d'une part, se donner les moyens de l'efficacité et de la réussite ; et, d'autre part, établir entre vous et votre collaborateur une relation de confiance irremplaçable, gage d'une collaboration future, simple, ouverte et fructueuse pour les deux interlocuteurs.

Les pièges à éviter en matière de délégation
- confondre délégation et répartition des tâches,
- ne pas définir des objectifs,
- ne déléguer que des missions peu enrichissantes,
- imposer une délégation,
- éviter de parler de l'appréciation de la mission,
- ne pas laisser de marge de manœuvre au délégataire,
- proposer une mission trop difficile au délégataire,
- déléguer sans contrôler,
- être interventionniste sur la façon de faire et la réalisation de la tâche,
- ne pas donner un véritable droit à l'erreur,
- s'attribuer la paternité de la réussite de la délégation.

Quelques questions à se poser
- Quelle est la dernière délégation réussie que j'ai mise en œuvre ?
- S'agissait-il d'une délégation de tâches ou de responsabilités ?
- Pourquoi ai-je délégué ?
- Sur quels critères ai-je choisi la personne ?
- Sur quel objectif nous étions-nous mis d'accord ?
- Comment ai-je présenté cette délégation à la personne ?
- Qu'est-ce qui me permet de dire que cette délégation a été réussie ?
- Quelles ont été les retombées pour la personne et pour moi-même ?
- Que fallait-il faire pour être certain d'échouer ?
- Quelles leçons tirer de cette dernière expérience pour améliorer la prochaine délégation ?

8

Organiser sa disponibilité pour mieux écouter et mieux communiquer

L e temps est un luxe !

Tout le monde lui court après : chacun se plaint de ne pas avoir le temps de tout faire. Rallonger les journées ne suffit pas. Alors doit-on croire La Bruyère : « *Ceux qui emploient mal leur temps sont les premiers à se plaindre de sa brièveté ?* »

Afin d'assumer au mieux ces rôles :
– de relais d'information,

- de *coach* (celui qui accompagne, conseille, oriente),
- de catalyseur d'énergie.

Vous ferez en sorte d'être plus disponible pour écouter vos collaborateurs, communiquer avec eux, orienter les travaux des équipes, anticiper les changements en cours ou à venir. Mais comment pouvez-vous faire mieux, quand on sait qu'un membre de l'encadrement consacre 70 % de son temps à communiquer (lecture de document, rédaction de notes, téléphone, entretiens, interruptions, réunions).

Notre propos, au cours de ce chapitre, ne consiste pas à vous donner toutes les recettes pour mieux gérer votre temps. Ce thème est tellement vaste en lui-même qu'il suffirait à écrire un livre.

Nous nous bornerons au contraire, après une courte et incontournable réflexion sur la définition des priorités, à vous donner quelques outils et méthodes qui vous permettront d'augmenter votre efficacité dans ces situations de communication qui vous croquent le plus de temps.

1 - Déterminer vos priorités et privilégier l'important

À la suite de la mise en œuvre des 35 heures, nombre de cadres et agents de maîtrise se demandent comment s'organiser pour faire en 35 heures ce qu'ils faisaient en 39 heures. Cela, sans compter les impondérables qui viennent vous désorganiser au quotidien !

Chacun sait qu'ici comme ailleurs la recette miracle n'existe pas !

Cependant il vous est possible d'augmenter votre efficacité en réfléchissant à votre organisation personnelle du travail. Vous y parviendrez d'autant mieux que vous saurez prendre du recul et avoir « une vision hélicoptère » de votre fonction.

Le premier réflexe consiste à identifier ce qui constitue le « cœur de votre fonction ». Autrement dit, quelles sont les responsabilités clés de votre fonction ? La réponse à cette question doit vous permettre d'appréhender **la valeur ajoutée attendue** de votre fonction et **les secteurs clés de résultats** (*cf.* chapitre 1).

Prenons l'exemple d'un commercial : selon vous quels sont les secteurs clés de résultats les plus pertinents pour une fonction commerciale ?

La réponse est assez simple : le chiffre d'affaires développé, le marché dégagé, le nombre de clients nouveaux, le taux de fidélisation des « anciens » clients, la moyenne des ventes réalisées par client, etc. Il en est de même pour votre fonction, à vous de les trouver.

Ce premier réflexe intégré, il va vous falloir faire des choix, **or choisir c'est renoncer** !

En effet, sachant que la journée n'est pas extensible et que, même en travaillant 12 heures par jour, vous n'arriveriez pas à tout faire, il va vous falloir accepter de laisser de côté certaines tâches ou activités.

Déterminer vos priorités au quotidien est le seul et unique moyen de développer votre efficacité.

Voici une méthode simple et pratique pour y parvenir : (nous partons du principe que nous somme le lundi matin, 8 heures)

a) Lister toutes les activités que vous avez à mener cette semaine.

b) Attribuer à chacune d'elles un degré d'urgence (de U1 étant la plus urgente à U12 si vous listez 12 activités, étant la moins urgente).

Les critères pour définir l'urgence sont les suivants : une activité qui vous est imposée par un tiers (patron, client, collègue), dont le délai de réalisation est court et qui pourrait avoir des conséquences néfastes pour l'entreprise si elle n'était pas menée à bien.

c) À ces mêmes activités attribuer maintenant un degré d'importance (I1 étant la plus importante et I12 la moins importante). *L'important correspond à un choix personnel : c'est vous qui décidez au regard de votre fonction que telle activité est plus importante que telle autre.*

Cette hiérarchisation des activités vous permet de savoir par quoi commencer et surtout de sortir du cercle vicieux de l'urgence (c'est-à-dire de ne plus faire le pompier !).

Activités	Urgences	Importance
Organiser le travail de l'équipe	U1	I1
Réunion besoins clients	U4	I2
Dossier x	U6	I3

Cela suppose de votre part :
- de donner priorité à l'urgent/important,
- de donner ensuite priorité à l'important/à l'urgent,
- de poursuivre par l'urgent non important,
- pour terminer par le non urgent et non important.

La difficulté de cet exercice réside dans le fait de ne pas considérer *a priori* que ce qui est urgent est important ou que ce qui est important est urgent. Cet amalgame pourrait vous amener à faire des choix non stratégiques ! Rappelons, en outre, qu'un membre de l'encadrement est plus souvent apprécié pour sa capacité à anticiper les changements et à les mettre en œuvre (important non urgent) que pour sa capacité à gérer le quotidien. Enfin, si vous voulez mieux faire face aux imprévus, considérez par avance qu'ils existent, et intégrez-les dans votre planning quotidien ou hebdomadaire (après en avoir fait une moyenne sur 15 jours). En un pot **ne planifiez que 70 % de votre temps** !

En dernier lieu, si vous voulez passer du temps subi au temps choisi, voici douze lois pour mieux maîtriser votre temps, auxquelles seront associés les remèdes pour y faire face :

DOUZE LOIS POUR MIEUX MAÎTRISER SON TEMPS

Première loi : LOI DE PARKINSON
Le travail se dilate jusqu'à occuper la totalité du temps disponible : Fonctionner sous forme d'objectif plutôt que sous forme de tâche à accomplir.

Deuxième loi : LOI DE MURPHY
Toute chose prend plus de temps qu'on l'avait prévu : Rien n'est aussi simple qu'on ne l'imagine au départ.

Troisième loi : LOI D'ILLICH
Au-delà d'un certain seuil de travail l'efficacité décroît.

Quatrième loi : LOI DE CARLSON
Faire un travail de façon continue prend moins de temps que de le faire en plusieurs fois.
Tout travail interrompu est moins efficace.

Cinquième loi : LOI DE FRAISSE
Une heure n'est pas toujours égale à une heure.
Ce qui nous plaît passe vite, ce qui nous déplaît semble s'éterniser.

Sixième loi : LOI DE PARETO
20 % de nos activités produisent 80 % de nos résultats.
L'essentiel prend 20 %, l'accessoire prend 80 % du temps, de l'espace, de l'énergie.

Septième loi
Réfléchir avant d'agir.

Huitième loi
Ne pas remettre à plus tard les décisions à prendre.

Neuvième loi
Affecter un ordre de priorité aux tâches à accomplir.

Dixième loi
Le travail programmé chasse les activités qui ne le sont pas.

Onzième loi
Alterner les tâches de nature différente en évitant la dispersion.

Douzième loi
Optimiser l'utilisation de ses capacités cérébrales.

La bonne intégration de ces 12 LOIS nous amène à vous proposer les remèdes associés qui peuvent vous permettre si vous en avez l'envie, de gagner une heure par jour. À une époque ou « la guerre du temps » fait rage suite à la mise en place des 35 heures, gagner une heure par jour vous permet de vous concentrer sur les activités qui nécessitent du temps pour la réflexion et l'anticipation : source de votre valeur ajoutée réelle en tant que membre de l'encadrement. (*cf.* J.-L. Muller, « La guerre du temps », Éditions d'Organisation, 1996).

Les remèdes à appliquer

- Affecter un budget temps à chaque activité.
- Fixer des heures limites.
- Fonctionner sous forme d'objectifs plutôt que sous forme de tâches à accomplir.
- Faire des bilans d'activité journalière.
- Se protéger des sollicitations extérieures.
- Regrouper les activités de même nature.
- Commencer votre journée par une activité que vous n'aimez pas mais qui est importante.
- Identifier les activités à haut rendement.
- Se consacrer au cœur de sa mission.
- Éliminer.
- Réaliser au moins une activité essentielle par jour.
- Déléguer
- Cesser de croire qu'il n'y a qu'une seule bonne façon de faire : la votre.
- Se fixer des rendez-vous avec soi-même.

- Planifier à l'avance les activités prioritaires.
- Se donner le droit à l'erreur.
- Oser prendre des décisions en univers incertain
- Raisonner en termes de priorités.
- Affecter un ordre de priorité aux tâches à accomplir.
- Prendre des pauses.
- Ne faire qu'une activité à la fois.
- Alterner temps de réflexion et temps d'action.
- Noter ce qui vous passe par la tête sur un support.

Ces quelques conseils posés, il importe de traiter ici des réunions et entretiens qui vous prennent un temps fou !

Dans le contexte des 35 heures, réunions et entretiens sont devenus, plus encore qu'hier, des activités chronophages pour le responsable. L'absence ou le manque de préparation les font durer et amènent les responsables et leurs collaborateurs à s'interroger sur leur efficacité réelle.

Du coup, le responsable et ses collaborateurs eux-mêmes, tendent à ne plus mettre en œuvre ces outils, exception faite des situations à problèmes. Réunions et entretiens sont alors entachés d'une connotation négative et font référence, dans la tête des uns et des autres, à des situations difficiles et exceptionnelles.

Organiser votre disponibilité pour mieux écouter et mieux communiquer, c'est :
- communiquer sur votre propre gestion du temps (ex. : politique de la porte ouverte ou pas, savoir gérer les

interruptions, savoir dire non, expliquer comment je fonctionne) ;
- expliciter des règles du jeu claires par rapport à ces situations,
- rendre ces situations **normales** par une **fréquence plus grande** avec une **durée plus courte**,
- mettre en œuvre de la sorte ces outils permet d'anticiper les difficultés et par conséquent de prévenir plutôt que d'être mis devant le fait accompli et de subir.

2 – Communiquer sur sa propre gestion du temps

« Quand on veut faire quelque chose, on s'en donne les moyens ; quand on ne veut pas, on se donne des raisons… »

Nombre de managers veulent mieux gérer leur temps sans créer les conditions de la réussite : se trouver des alliés.

Communiquer sur sa propre manière de gérer le temps, c'est expliquer à ses collaborateurs comment vous fonctionnez (*exemple : expliquer pourquoi je pratique la politique de la porte ouverte ou pas*), ce que j'attends d'eux dans telle et telle situation, (*exemple : quand vous me présentez un problème, j'attends que vous soyez d'abord factuel, qu'ensuite vous me donniez les informations majeures pour avoir une vision globale de la situation, enfin que vous arriviez avec des propositions de solutions*).

Procéder de cette façon, c'est donner à vos collaborateurs les repères nécessaires pour mieux communiquer et mieux fonctionner avec vous. C'est favoriser l'efficacité de la relation en restant centré sur les résultats, les objectifs de celle-ci. Nombre de responsables n'osent pas exprimer de telles attentes, de tels souhaits, craignant d'aller trop loin ou de se découvrir. Ils amputent ainsi d'entrée de jeu une partie des résultats possibles et se mettent en situation de frustration (*exemple : je ne supporte pas cette façon qu'il a de poser un problème*) pouvant conduire à des comportements inefficaces.

Quelques exemples de situations :
– faut-il pratiquer la politique de la porte ouverte ?
– comment gérer les interruptions ?
– savoir dire non.

3 – Pratiquer la politique de la porte ouverte

S'il est certain qu'une de vos fonctions majeures réside dans l'écoute et la communication, devez-vous pour autant être disponible auprès de vos collaborateurs à tout moment ?

En ce qui nous concerne, la réponse est non. Tout responsable doit pouvoir avoir des moments de calme, propices à la réflexion ou au traitement de dossiers importants. C'est pourquoi nous préconisons de savoir fermer sa porte ! Essayez, vous verrez comment une fois votre porte fermée, vos collaborateurs hésiteront à la rouvrir !

Nous vous conseillons de vous organiser en conséquence :
– venir plus tôt au bureau le matin pour travailler au calme (pas d'interruptions, de téléphone),

- informer vos collaborateurs (sans pour autant être rigide) sur vos plages horaires de disponibilité à leur égard,
- les inciter à prendre rendez-vous,
- développer l'autonomie et la responsabilisation pour les amener à régler eux-mêmes les problèmes.

En un mot ne confondez pas être disponible et être à disposition.

4 - Gérer les interruptions

« Il y a des gens qui ne savent pas perdre leur temps tout seul. Ils sont le fléau des gens occupés. »

Sachez dire non
- Dites d'emblée que vous traitez une affaire importante.
- Faites préciser la question à traiter ainsi que le temps nécessaire.
- Indiquez une période plus propice pour rencontrer votre interlocuteur.

Sachez dire oui
- Assurez-vous que le sujet à traiter nécessite un entretien immédiat.
- Indiquez précisément le temps dont vous disposez et vérifiez l'accord de la personne sur cette durée et tenez-vous-y.
- Allez directement à l'essentiel.

5 - Savoir dire non

- La politique de la porte ouverte favorise les interruptions fréquentes de vos collaborateurs ou de vos hiérarchiques. Ainsi soumis à de nombreuses sollicitations, un certain nombre d'entre vous éprouvent quelques difficultés à dire non.
- Peur de détériorer la relation, crainte de la sanction, envie de faire plaisir, souci de conserver l'estime de son interlocuteur, gratification personnelle que représente la demande, les bonnes raisons pour ne pas dire non sont légions.

6 - S'affirmer dans le non grâce à ces quelques conseils

- Réfléchissez si vous souhaitez accepter ou refuser.
- Vérifiez que vous pouvez accepter sans remettre en cause la réalisation de vos activités prioritaires.
- Évaluez le rapport de force (quels risques y a-t-il à dire non ?).
- Faites clarifier la demande.
- Si vous refusez :
    - proposez des solutions de rechange,
    - évitez de vous justifier,
    - exprimez-vous fermement mais sans agressivité,
    - dites non à la demande, pas à la personne.

7 – Expliciter des règles du jeu claires concernant les réunions et les entretiens

Beaucoup de personnes se plaignent du nombre de réunions au sein de leurs entreprises et du peu d'efficacité de celles-ci. On parle partout du « syndrome de la réunionite ». Pour parer à ces difficultés, voici quelques **recommandations**.

Vérifier que la réunion est bien l'outil le plus adapté pour atteindre votre objectif.

Avant la réunion
- Convoquez les personnes au minimum huit jours avant (date, lieu, durée).
- Ne convoquez **que** les personnes **directement concernées** par le problème (douze personnes étant un maximum).
- Précisez l'objectif de la réunion ainsi que l'ordre du jour.
- Envoyez, suffisamment de temps à l'avance, les dossiers qui méritent étude et réflexion. L'efficacité de votre réunion n'en sera que plus grande et surtout vous pourrez entrer dans le vif du sujet tout de suite.
- La préparation de la réunion pour l'animateur ainsi que pour les participants est une phase essentielle. Savoir investir du temps dans la préparation permet d'en gagner beaucoup au cours de la réunion.

Au début de la réunion
- Commencez la réunion à l'heure prévue, **quel que soit le nombre de personnes présentes**. Vous verrez qu'en-

suite, les personnes concernées seront là à l'heure dite. Bien sûr, vous ferez en sorte de respecter vos engagements sur la durée prévue.
- Rappelez les règles du jeu que vous utilisez :
  - écoute et respect mutuels,
  - demandez aux participants d'aller directement à l'essentiel,
  - soyez centré sur les solutions plus que sur les problèmes.

1) Énoncez clairement l'objectif de la réunion.
2) Proposez une méthode de travail adaptée au problème à traiter.
3) Recueillez l'adhésion des participants sur les points précédents.
4) Débutez votre réunion par les points les plus importants et non par les « divers ».

À la fin de la réunion

L'efficacité d'une réunion s'évalue aux décisions prises par rapport à l'objectif.

Vous terminerez donc cette réunion par un plan d'A.C.I.E.R. :
- Actions.
- Concertées.
- Individualisées (qui fait quoi ?).
- Échéancées (un budget temps est fixé pour la réalisation de chaque objectif).
- Réalistes.

Savoir utiliser l'outil entretien
- Le recrutement,
- la délégation d'une mission,
- la gestion d'un conflit,
- la résolution d'un problème ponctuel,
- l'information et la formation d'un collaborateur,
- le développement de la motivation,
- l'appréciation,

sont autant de situations où l'outil entretien peut être utilisé. Il apparaît ainsi comme un outil majeur et indispensable dans le management d'une équipe.

Maîtriser la conduite de ces « face à face » où chacun des protagonistes est fortement impliqué, tout en atteignant l'objectif fixé, nécessite de respecter puis de mettre en œuvre un savoir-faire et une méthodologie certaine. Pour de plus amples conseils, nous vous renvoyons à notre ouvrage **Réussissez vos entretiens professionnels**[1].

Dans le contexte de ce chapitre, nous vous donnerons les points clés à respecter pour préparer et conduire un entretien en général, sans prendre en compte la spécificité de chaque type d'entretien.

Préparer un entretien
Pour ce faire, répondez aux questions suivantes :
- quel est l'objectif précis de cet entretien ?
- dans quel contexte se situe-t-il ?
- que dois-je faire, dire pour le réussir ?
- comment saurais-je que j'ai atteint mon objectif ?
- quelles en sont les conséquences possibles ?

Structurer un entretien
- Accueillez et mettez à l'aise.
- Définissez l'objectif.
- Rappelez les règles du jeu :
  - précisez le temps consacré à l'entretien,
  - rappelez les règles d'une communication efficace,
  - définissez, selon les cas, le temps de parole de chacun.
- Décrivez la démarche qui va être suivie.
  Il s'agit de préciser les étapes de l'entretien ainsi que le temps consacré à chacune d'elles. Chacun sait ainsi où il va et comment.

- **Clarifiez le rôle de chacun.**

En fonction de l'objectif, il est parfois nécessaire de clarifier le rôle de chacun, c'est-à-dire d'expliciter ce que vous attendez de l'autre. Exemple : « Étant donné notre objectif, j'attends de vous que vous exprimiez toutes vos questions, suggestions, ainsi que vos doutes quant à la mise en place de telle ou telle solution. »

- **Faites des synthèses partielles.**

- **Concluez l'entretien en rappelant :**
  - les décisions prises,
  - le rôle de chacun (qui fait quoi ?),
  - le calendrier échéancé des actions à entreprendre.

Encore trop souvent considérée comme inutile ou comme une perte du temps, la préparation d'un entretien ou d'une réunion apparaît pourtant comme une des conditions de leur réussite. Respecter et mettre en œuvre des règles du jeu et une méthodologie simple participe également, on l'a vu, à leur efficacité. Reste aux membres de l'encadrement à changer d'état d'esprit par rapport à ces quelques points et à intégrer **dans les faits** qu'il faut parfois savoir investir du temps maintenant pour en gagner demain.

Rendre ces situations normales par une fréquence plus grande et avec une durée plus courte

La plupart des membres de l'encadrement reconnaissent l'importance de mieux écouter et mieux communiquer avec leurs collaborateurs. Cependant dans la pratique, les mêmes responsables disent ne pas avoir assez de temps pour le faire !

Soumis à la pression du quotidien, on ne se parle que lorsque ça va mal, et on se parle mal. On rentre ainsi dans une spirale négative dont il est ensuite difficile de s'extraire, chacun se repliant de plus en plus sur lui-même, se protégeant derrière des notes de plus en plus nombreuses et le respect rigide de procédures lentes et plus ou moins obsolètes.

Sortir de cette spirale nécessite que les directions d'abord, puis les membres de l'encadrement eux-mêmes, redonnent sa véritable lettre de noblesse à ce rôle essentiel qui est celui de l'animateur. Celui-ci passe, à ne pas en douter, par la conduite de réunions plus courtes, mais plus efficaces, par la conduite d'entretiens plus nombreux, où la relation avec le responsable sera plus aisée parce que plus fréquente et moins liée à des situations difficiles.

Être plus accessible, au propre comme au figuré,

est un objectif prioritaire que chaque responsable doit se donner s'il veut réellement assumer son rôle de catalyseur.

Changer d'état d'esprit, mettre en œuvre de nouveaux comportements, susciter les questions, encourager l'innovation, accepter les désaccords, favoriser les relations interpersonnelles, et prévenir les difficultés plutôt que de les subir suppose que la communication et l'écoute apparaissent comme faisant partie intégrante des rôles majeurs du responsable ; et ne soient plus considérées par ces mêmes responsables comme les parents pauvres de leur fonction.

À un moment où :
- la gestion des entreprises est marquée par le court terme au sein d'un univers incertain,
- le poids des organisations syndicales diminue considérablement au profit de « coordinations » plus ou moins bien maîtrisées,
- les règles du jeu du dialogue social entrent dans une nouvelle ère,
- les perspectives d'avenir, tant au niveau individuel que collectif tendent à disparaître...,

les salariés des entreprises adoptent des attitudes protectionnistes, déçus, démotivés, incrédules qu'ils sont devant les discours maintes fois tenus d'espoir de reprise, de revalorisation des emplois, de développement des compétences...

Dans ce contexte, la braise rougit sous la cendre ; l'incendie peut se déclarer n'importe où, n'importe quand.

Se rendre disponible pour mieux écouter et mieux communiquer, accroître sa vigilance, devrait être la fonction première du manager s'il veut pouvoir agir vite et bien pour circonscrire l'incendie.

9

Soutenir la motivation sans pouvoir augmenter les salaires

« *Dans l'économie de l'intelligence, l'épargne est ruineuse.* »
Paul Valéry

Pour être performante et assurer ainsi sa pérennité, chacun s'accorde sur le fait que l'entreprise a besoin de professionnels motivés, impliqués.

Au lieu de cela, la plupart des directeurs généraux et des comités de direction, que nous rencontrons au cours de nos interventions, se plaignent de ne trouver chez leurs salariés que passivité et routine.

À l'inverse maintenant, lorsque nous posons le problème de la motivation aux cadres, techniciens, agents de maîtrise des mêmes entreprises : que disent-ils ? « Si les gens sont démotivés, c'est la faute de :
– la direction,
– la stratégie de l'entreprise,
– la politique de rémunération,
– des chefs,
– des syndicats,
– des conditions de travail,
– du contexte économique...

Ainsi pour tous et pour chacun la démotivation, ou l'absence de motivation, c'est souvent la faute des autres !

Mais alors, qui est responsable de la motivation ? De quels moyens dispose-t-on pour agir sur celle-ci ? Répondre à ces deux questions, l'on s'en doute, n'est pas simple et nécessite de prendre en considération un ensemble de facteurs interdépendants les uns par rapport aux autres.

1 – La situation de l'entreprise

Les résultats de l'entreprise ont, selon nous, une influence directe sur la motivation de ses membres.
– Une entreprise aux résultats élevés ne se pose pas le problème de sa pérennité (tout au moins à court terme), car elle est engagée dans une dynamique du succès.

Celle-ci rejaillit inévitablement sur ses membres tant au niveau du moral qu'au niveau d'une rétribution des salariés, proportionnelle à leur contribution à la réussite de l'entreprise (salaire au mérite, participation, intéressement).

– Une entreprise aux résultats « moyens » se trouve confrontée à la nécessité d'améliorer ses performances. Pour ce faire, des investissements dans l'appareil de production, dans la formation de ses membres sont souvent nécessaires. Ses capacités de rétribution du personnel se trouvent alors limitées. Le moral des troupes en souffre ; incapables qu'elles sont de faire le lien entre les efforts accomplis pour conserver la place de l'entreprise sur le marché et le « retour sur investissement » obtenu qui est souvent l'occasion de tiraillements, d'insatisfactions.

– Enfin, une entreprise sur le déclin a pour objectif premier de lutter pour sa survie. Chacun se pose la question de savoir s'il conservera ou non son emploi. L'entreprise se trouve dans l'incapacité de distribuer une manne qu'elle ne possède pas. Le personnel est le plus souvent enclin à baisser les bras ou à chercher à quitter le navire.

2 – Les structures

Les influences des structures de l'entreprise, de son mode d'organisation sont également des facteurs importants du développement ou non de comportements motivés des salariés de l'entreprise.

Votre entreprise est-elle structurée de façon pyramidale ou en réseaux ? Les règles, les procédures sont-elles connues de tous ? Sont-elles les mêmes pour tous ?

Le mode de contrôle mis en œuvre est-il incitatif, c'est-à-dire centré sur la résolution des problèmes et la reconnaissance des initiatives ou castrateur, c'est-à-dire centré sur la sanction négative des erreurs ? Le pouvoir est-il centralisé, c'est-à-dire aux mains de quelques-uns, ou décentralisé, c'est-à-dire partagé par tous, chacun à son niveau ?

La politique de gestion des ressources humaines (recrutement, gestion des carrières et des emplois, politique de rémunération) est-elle centrée sur le court terme ou le moyen terme ?

Favorise-t-elle l'émergence de comportements d'ouverture, d'implication, d'initiative, ou au contraire d'obéissance, de conformité ?

Votre entreprise recrute-t-elle systématiquement à l'externe ou développe-t-elle la promotion interne ?

Les réponses que vous pouvez apporter à ces questions, dans un sens ou dans un autre, doivent vous éclairer de façon significative sur le poids des structures dans l'émergence de tel ou tel mode de fonctionnement, sur la volonté réelle ou simplement affichée de votre entreprise à vouloir soutenir la motivation de vos salariés dans une période de crise comme celle que nous traversons.

3 - La culture managériale

La culture d'entreprise est-elle une culture de moyens ou une culture de résultats ?

Le mode de management est-il directif ou participatif ? Y pratique-t-on la DPPO (Direction Participative Par Objectifs) ? Quels types de relations l'encadrement entretient-il avec ses collaborateurs ? Sont-elles basées sur la confiance, la méfiance, la défiance, l'autorité ou l'entente, la compétition ou la coopération ? Le respect de la voie hiérarchique est-il obligatoire ou les relations informelles sont-elles à l'inverse favorisées ? Le personnel est-il partie prenante dans les décisions qui le concernent ou est-il mis devant le fait accompli ?

La culture et la pratique managériales, en vigueur dans l'entreprise, participent de façon importante, on le constate, à l'implication ou non des collaborateurs.

L'ensemble de ces facteurs font apparaître, s'il en était encore besoin, que le problème de la motivation doit être considéré comme systémique et ne peut en aucun cas être réduit à la plus ou moins bonne qualité des relations qui peuvent exister entre les membres du personnel de l'entreprise.

Mais alors que faire, lorsqu'on ne dispose pas du pouvoir d'agir directement sur les structures, pour développer les motivations ? En est-on pour autant réduit à ne rien faire ?

Tout en gardant à l'esprit les points évoqués précédemment, ce chapitre abordera les points suivants :
– rapide état des lieux des différentes théories et méthodes en matière de motivation,

- la motivation comme processus,
- la motivation, résultante du management,
- ce qu'il est possible de faire sans bouleverser les structures,
- cas concret : motiver en état de crise.

4 - Rapide état des lieux des différentes théories et outils en matière de motivation

Évoquer le problème de la motivation, sans faire le point sur les théories et outils les plus connus sur le sujet est impossible, c'est pourquoi nous vous proposons un rapide état des lieux les concernant. Celui-ci mettra l'accent sur les apports majeurs de chacun d'entre eux.

4.1 – La pyramide des besoins de Maslow

Cette théorie est tellement connue que nous ne la citons qu'à titre de rappel.

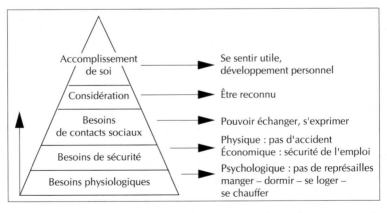

Figure 9.1. La pyramide des besoins de Maslow

Soutenir la motivation sans pouvoir augmenter les salaires

Selon Maslow, les besoins d'accomplissement de soi et de considération ne peuvent être assouvis par les individus qu'à condition que les besoins précédents l'aient été. Aussi est-il inutile d'attendre qu'un collaborateur soit vraiment impliqué dans son travail, si ses besoins physiologiques et ses besoins de sécurité le laissent insatisfaits. Enfin, Maslow est le premier à faire ressortir l'idée d'un besoin de salaire minimum (figure 9.1.)

4.2 – Herzberg et les facteurs d'hygiène et de motivation

Herzberg distingue deux grands types de facteurs :

Les facteurs d'hygiène, de vie et d'ambiance

Les conditions de travail, la sécurité de l'emploi, le salaire... Ces facteurs sont extrinsèques. Les satisfaire évitent la démotivation, c'est-à-dire que la personne obtient des satisfactions extérieures à la tâche elle-même.

Les facteurs de motivation

Les responsabilités, la considération, la promotion, les possibilités de développement personnel, l'information, l'autonomie sont des facteurs de motivation. Ces facteurs sont intrinsèques (satisfactions liées à l'exécution de la tâche elle-même) et développent la **satisfaction** au travail. Cependant, souvenez-vous que la satisfaction ne crée pas la motivation.

La plus-value apportée par Herzberg, par rapport à Maslow, consiste à mettre en évidence le point suivant : selon lui, les facteurs d'hygiène peuvent susciter des insatisfactions ; mais une réponse, même positive à ces besoins, ne motivera pas pour autant l'individu. Il s'agit par conséquent de centrer son attention sur les facteurs de motivation.

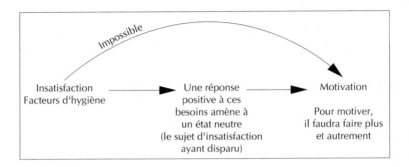

Ne pas confondre satisfaction d'un besoin et motivation. Ainsi, si la satisfaction dans le travail peut être considérée comme un des indicateurs de la motivation, il convient de garder à l'esprit qu'elle n'est alors que l'effet et non pas la cause de la motivation. La motivation précède donc la satisfaction et lui donne sa raison d'être.

Enfin, rappelons que l'on peut être satisfait de son travail tout en étant improductif. La satisfaction dans le travail ne détermine pas nécessairement la performance ou l'efficacité.

Salaire et motivation

Il est intéressant de souligner que le salaire fait partie des facteurs d'hygiène et d'ambiance selon Herzberg ; ce qui tend à prouver qu'une augmentation de salaire, si légitime soit-elle, n'est pas en soi un facteur de motivation, mais plus simplement un élément qui évite la démotivation. En outre, rappelons que ce n'est pas le salaire, en lui-même, qui est satisfaisant mais bien plus le rapport que le salarié peut faire entre ce qu'il apporte et ce qu'il reçoit, ce que ses efforts méritent à ses yeux et ce qu'il obtient en retour.

Adams, dans la théorie de l'équité, ajoute un autre élément qui est la comparaison que le salarié peut faire entre ce qu'il reçoit et ce que les autres reçoivent.

4.3 – Les quatre formes d'engagement ou les 4 P[1]

Sachant qu'il n'y a pas de motivation sans objectif, le modèle des quatre formes d'engagement est un outil qui permet à chaque responsable de traduire de façon concrète le concept de motivation, c'est-à-dire ce qui pousse chacun de ses collaborateurs à agir (figure 9.2.).

L'engagement instrumental	L'engagement professionnel
– Les privilèges – Salaires, primes – Grade, titre – Attachement à l'organisation hiérarchique – Parking réservé, voiture de fonction, bureau personnel, secrétaire attitrée – Recherche de sécurité	– Les progrès – Attrait pour la formation – Recherche d'échanges avec des confrères d'autres entreprises – Confronter son point de vue avec d'autres – Défis personnels, attitude de remise en cause
L'engagement managérial	L'engagement communautaire
– Être patron de ses affaires – Animer et diriger son équipe – Améliorer la sécurité – Augmenter son taux de pénétration sur son marché – Réduire ses dépenses – Atteindre, voire dépasser les objectifs annuels	– Participer – Travailler en groupe – Qualité et écoute dans les relations sociales – Rituels communautaires – Développement du sentiment d'appartenance – Valeurs partagées par le groupe – Coopération au sein d'une même équipe ou entre équipes

Figure 9.2. Les quatre formes d'engagement

---

1. Vincent (Ch.), *Développez votre pouvoir par l'analyse transactionnelle*, Les Éditions d'Organisation, Paris, 1988.

Ces quatre formes d'engagement ne sont ni pures, ni indépendantes. Elles s'influencent mutuellement et peuvent être présentées de façon simultanée, mais à des degrés divers chez chacun de vos collaborateurs (Figure 9.3.).

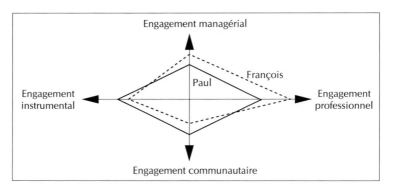

Figure 9.3. *Les différents degrés de formes d'engagement*

Les intérêts de cet outil

- permettre à chacun de mieux identifier ce qui le pousse à agir,
- prendre conscience que la motivation est individuelle : ce qui me motive moi, ne motive pas nécessairement mes collaborateurs,
- identifier les motivations les plus importantes chez chacun de mes collaborateurs : je pourrai ainsi être plus pertinent par rapport à chacun d'eux et agir sur les bons leviers.

Les théories évoquées précédemment nous permettent d'extraire quelques points clés concernant la motivation :
  • il n'y a pas de motivation sans objectif,

Soutenir la motivation sans pouvoir augmenter les salaires

- la motivation ne se décrète pas,
- ne pas confondre satisfaction d'un besoin et motivation,
- motiver revient parfois à ne pas démotiver,
- considérer que les motivations sont toujours individuelles,
- motiver ses collaborateurs suppose de bien les connaître et représente un investissement en temps.

La motivation comme processus

Combien de fois n'avons-nous pas entendu cette phrase « mon personnel n'est pas motivé ! »

Comme s'il s'agissait d'une qualité permanente d'un individu, d'un état ! Ainsi certains naîtraient motivés par nature, d'autres pas. Malheureusement, tel n'est pas le cas. Et pour plagier une phrase d'un écrivain célèbre « on ne naît pas motivé, on le devient. »

Il s'agit, par conséquent, de comprendre comment ça marche ? C'est-à-dire identifier le processus qui va permettre à quelqu'un démotivé ici, d'être motivé ailleurs et inversement.

Pour ce faire, nous vous proposons le modèle V.I.E. de Vroom[2], il est constitué de trois concepts de base :

Valence
Instrumentation
Expectation

Valence : Personne ne fera d'effort si ce que l'effort lui apporte est sans valeur à ses yeux.

---

2. Vroom (V.), *Work and motivation*, Wiley, New-York, 1964.

Instrumentation : Personne ne fera d'effort s'il ne voit pas le lien entre la mesure de l'effort consenti et ce qu'il reçoit en retour.
Expectation : Personne ne fera d'effort pour quelque chose qu'il se sent incapable de faire.

Motiver un collaborateur revient à se poser trois questions :
– Quelle valeur la personne accorde-t-elle au travail qui lui est proposé ? Quelle représentation en a-t-elle ? positive ? négative ? valorisante ou pas ?
– Le lien entre l'effort demandé et le « retour sur investissement » proposé est-il visible à ses yeux ? Y a-t-il proportionnalité, correspondance entre l'effort demandé (partir des compétences reconnues du collaborateur) et la récompense ? À ce sujet, il importe de ne pas réduire la notion de retour au simple intérêt pécuniaire. Confier de nouvelles responsabilités, développer la zone d'autonomie de la personne, acquérir de nouvelles compétences sont également des réponses possibles.
– L'objectif proposé à la personne est-il en cohérence avec les compétences qu'elle se reconnaît ? Le rôle du responsable est ici important. La conviction qu'on est capable d'atteindre tel ou tel objectif est une part importante de la motivation. Charge au responsable, par conséquent, de savoir quoi confier à qui. Rappelons qu'un objectif trop facile à atteindre ou à l'inverse impossible à atteindre (non réaliste) sont l'un et l'autre démotivants.

Chaque fois que vous donnez une nouvelle tâche à un collaborateur, elle doit respecter le **système V.I.E.**, sinon vous aurez un problème au niveau du comportement de la personne (Figure 9.4.).

Soutenir la motivation sans pouvoir augmenter les salaires

	Action adaptée	Action inadaptée
Valence	• Les avantages que je tire de mon effort ont de la valeur pour moi... : – Je le fais de bon cœur – Je suis motivé – J'ai envie de continuer	• Pour moi, ce que l'effort m'apporte n'a aucune valeur ou peu de valeur : – Je le fais de mauvaise grâce – Je refuse – Je suis démotivé
Instrumentation	• Le lien entre mon effort et la rétribution que je reçois (salaire, reconnaissance, compliment, intérêt de la tâche, degré de responsabilité, d'initiative et d'autonomie) est visible et compréhensible : – Je le fais, je continue – J'en fais plus – Je suis motivé	• Je ne vois pas le rapport entre l'effort que je fournis et la rétribution (salaire, reconnaissance, compliment) que je reçois : – Je fais le minimum – Je le fais mal – Je suis démotivé
Expectation	• J'ai la capacité (c'est dans mes cordes ou juste au-dessus) : – Je le fais, je continue – J'accroîs ma capacité – Je suis motivé	• Je n'ai pas la capacité, c'est dur. Les risques d'échec sont trop grands, je stresse, je me démotive • Mes capacités sont bien au-dessus de ça : – C'est trop facile, je me lasse – Je fais le minimum – Je me démotive

V.I.E.	Identifier le problème
Valence	– S'il accomplit cette nouvelle tâche : est-ce que le fruit de ses efforts sera reconnu comme il le souhaite ? Est-ce que les avantages qu'il en tirera ont une valeur pour lui ?
Instrumentation	– Est-ce que en cas d'efforts supplémentaires, j'ai la possibilité de lui donner très rapidement quelque chose (qui a de la valeur pour lui) en retour ? Et donc lui faire savoir, m'engager dès maintenant ?
Expectation	– Se sent-il capable de cet effort supplémentaire ?

Sur quoi agir ?	
Variété	Puis-je mieux utiliser ses aptitudes et ses connaissances pour le travail qu'il a à accomplir ?
Identité	A-t-il tous les éléments lui permettant de situer son travail dans le processus d'ensemble, de mesurer la contribution personnelle qu'il apporte ?
Valeur de la tâche	Perçoit-il l'utilité de ce travail ? Qu'en est-il à ses yeux ?
Autonomie	A-t-il la liberté et l'indépendance qu'il souhaite pour faire ce travail ?
Information	L'ai-je habitué à lui donner un feed-back suffisant sur les résultats de son travail ? Sinon, je lui indique les points de contrôle (et sur quoi exactement ils porteront) que je prévois.

Figure 9.4. Le modèle V.I.E.

Mettre en œuvre le modèle V.I.E., c'est permettre à chacun de ses collaborateurs :
- de s'approprier son travail,
- d'assumer de nouvelles responsabilités,
- de développer l'estime de soi (il n'y a pas de motivation sans confiance en soi, ni sans image positive de soi).

4.4 – La motivation : résultante du management
- motiver ses collaborateurs,
- mobiliser les ressources humaines,
- développer des synergies positives,
- impliquer les professionnels de l'entreprise.

Ces quelques formules, et bien d'autres encore, marquent l'engouement de la majorité des entreprises sur ce thème très porteur qu'est la motivation des hommes. Quelle entreprise aujourd'hui n'a pas en effet au moins une ligne, une formule de ce type dans ses déclarations d'intentions que sont la plupart des projets d'entreprise ? C'est ainsi que l'on fait venir des tribuns pour haranguer les foules, pour « dire des grands-messes » afin de « rassembler », « fédérer » les salariés autour de « projets communs », favorisant ainsi le « partage de valeurs communes » en supposant que finalités individuelles et finalités de l'entreprise coïncident...

Le sentiment d'appartenance serait-il le dernier espoir auquel se raccrocher après avoir tout essayé, pour « susciter l'adhésion » des salariés, pour les intéresser un tant soit peu à leur travail ?

En ce qui nous concerne, point n'est besoin d'autant de beaux mots, d'autant de phraséologie, d'autant de débauche d'énergie et de moyens pour « susciter l'adhésion et découvrir ce qui pousse chacun à agir ou pas dans son intérêt et celui de l'entreprise ».

Encore s'agit-il de définir ce que l'on veut et de quoi l'on parle !

Nul doute en effet qu'une entreprise sans grand dessein ne puisse motiver ses salariés, et donner un « sens à l'action » dépasse largement le fait de fixer des objectifs à court terme. Cependant, il nous apparaît essentiel que l'entreprise clarifie, pour elle-même d'abord et pour ses salariés ensuite, ce qu'elle attend d'eux. C'est de cette réponse et de cette réflexion que dépendront les moyens mis en œuvre par l'une et par les autres.

L'entreprise veut-elle développer la satisfaction ?[3]
l'implication ?
la motivation ?

Diminuer l'absentéisme, c'est centrer son action sur la satisfaction.

Augmenter la performance, développer l'identification aux objectifs de l'entreprise, c'est centrer son action sur l'implication.

Développer l'autonomie, permettre à chacun de se réaliser pleinement en étant lui-même, c'est-à-dire différent, c'est centrer son action sur la motivation.

Si les mots ont un sens, c'est dans et par les actions mises en œuvre qu'ils se réalisent pleinement !

---
3. Michel (S.), *Peut-on gérer les motivations ?*, PUF, Paris, 1989.

La motivation est une force qui se manifeste au travers de la mission personnelle et professionnelle que chacun se donne, et qui se réalise dans l'expérience par le truchement d'actions et de comportements propres à chacun. Donner à chacun des « terrains d'aventures » où il pourra développer ses intérêts professionnels est le creuset du succès. C'est le garant du développement du professionnalisme de chacun, du bien-être dans la fonction ainsi que de l'implication et de la réussite. Mais c'est aussi, en contrepartie, accepter la différence (et non plus la conformité) ; c'est reconnaître chacun dans son identité et ses comportements atypiques ; c'est promouvoir l'autonomie. C'est accepter, d'abord et avant tout, de partager le pouvoir !

C'est à l'entreprise qu'il appartient de donner ces signes et ces réponses.

Deux moyens s'offrent à elle :
1) mettre en œuvre une politique de gestion des ressources humaines (recrutement, formation, promotion, salaire) qui accrédite sa ferme volonté de promouvoir la motivation de ses membres ;
2) susciter l'envie d'aller plus loin en choisissant comme managers des personnes capables de donner l'exemple.

En effet, l'expérience que nous avons de l'entreprise nous conduit à penser qu'une des conditions majeures de la motivation réside dans la **valeur de l'exemple** donné par le **responsable direct.** (Figure 9.4.).

Soutenir la motivation sans pouvoir augmenter les salaires

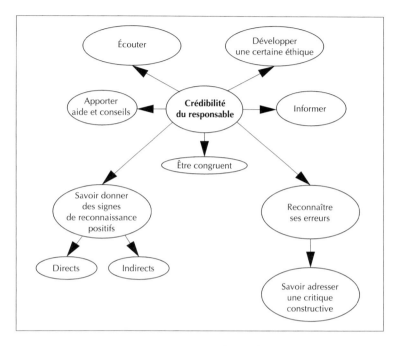

Figure 9.4. La motivation : résultante du management

5 - Développer une éthique

Cela correspond, pour nous, à mettre en œuvre une certaine morale dans les relations établies avec et entre les collaborateurs ainsi que dans les décisions prises. Il s'agit :
- de donner sa confiance,
- de traiter ses collaborateurs de façon équitable,
- d'entretenir des relations simples et directes.

Éthique et morale ne sont en effet valables que dans l'action.

5.1 – Donner sa confiance

Nombre de responsables attendent de leurs collaborateurs qu'ils leur fassent confiance. Et l'inverse est vrai ! sachant qu'il n'y a que le premier pas qui coûte, qui le fera en premier ? Beaucoup d'entreprises prêchent la confiance. Dans les faits, dans les comportements, dans les paroles, c'est la méfiance, la défiance qui prévaut. La moindre erreur est sanctionnée comme une faute ; le moindre faux pas est évalué comme un manque de compétence ; la moindre initiative est vécue par certains responsables comme un court-circuitage, une perte de pouvoir.

Faire confiance, sans pour autant être naïf ou suicidaire, c'est donner accès à ses collaborateurs à certains types d'informations, certaines responsabilités, à une certaine autonomie dans les prises de décisions et les actes, et cela **de façon graduelle**. Y êtes-vous prêts ?

5.2 – Traiter les collaborateurs de façon équitable

Cela ne signifie pas les traiter tous de façon équivalente mais de traiter chacun en fonction des efforts fournis, des résultats obtenus, des conditions de réalisation de ceux-ci, et cela sur la base de règles du jeu claires, et connues de tous. En effet, selon nous, il n'y a pas de pire injustice que de traiter tout le monde de la même façon.

5.3 – Entretenir des relations simples et directes

La culture française attache une grande importance au statut social, à la position hiérarchique. Dans certaines entreprises, « passer cadre » correspond à passer une frontière, à changer de camp : c'est ainsi que certaines informations, certaines décisions (sans pour autant qu'elles aient un caractère stratégique) ne doivent en aucun cas « descendre » en dessous de tel ou statut. Dans certaines autres, les cadres sont retranchés dans leur bureau et on ne les rencontre que en cas de problème. Dans cette situation, aller les voir nécessite de mettre en œuvre une démarche périlleuse, difficile, voire exceptionnelle. Le moins que l'on puisse dire, c'est que cela ne facilite pas vraiment la communication. Le temps des citadelles, des bastions est dépassé : Messieurs, ouvrez vos portes, ouvrez vos oreilles, vous n'en serez que plus efficaces et plus crédibles !

Écouter - Consulter - Aider : voilà votre challenge ! Et souvenez-vous que : changer les relations, c'est changer les résultats.

6 - Être congruent

Contrairement à l'adage bien connu « faites ce que je dis mais ne faites pas ce que je fais », le manager congruent :

« DIT CE QU'IL FAIT ET FAIT CE QU'IL DIT »

La crédibilité du responsable est là ! Exigence de tous les jours, c'est par votre **comportement au quotidien**, par votre **engagement personnel** que vous appuierez votre crédibilité. C'est par **l'adéquation** de **vos mots et de vos actes** que vous gagnerez la confiance de vos collaborateurs. Aucun beau mot, aucun discours ne supporte la comparaison. Aucun changement, aussi légitime soit-il, ne réussira sans modification dans ce sens de la pratique managériale. Ainsi, c'est le comportement au quotidien des responsables, avec leur valeur de l'exemple, qui suscitera la motivation des collaborateurs et ponctuera le chemin de la réussite de l'entreprise (exemple : ingénieur sécurité).

7 - Savoir donner des signes de reconnaissance positifs

La tradition nationale, dans laquelle nous baignons depuis notre plus tendre enfance, nous a habitués à mettre plus souvent l'accent sur les faiblesses, les points à améliorer, plutôt que sur les réussites. C'est sans doute pour cette raison que, dans l'entreprise, comme ailleurs, l'on s'intéresse plus volontiers aux choses qui ne vont pas, aux problèmes, aux personnes avec qui l'on rencontre le plus de difficultés. Celles-ci se faisant rapidement rappeler à l'ordre, rentrant ainsi dans une spirale de démotivation.

À l'inverse, nombre de collaborateurs performants s'étonnent au bout de quelque temps de présence dans un service, voire quelques années, de ne toujours pas savoir ce que leur responsable pense de leur travail (préoccupé qu'il est lui-même de se faire remarquer par sa propre hiérarchie).

Face à ces réactions ou absences de réaction, les uns se désintéresseront progressivement de leur travail, se désengageront de l'entreprise ; les autres mettront en place, selon les cas, des comportements de passivité, de rébellion, ou de mécontentement (exemple : l'un présentera des arrêts maladie successifs ; pour un autre les petits accidents du travail se répéteront).

Ce constat classique, et malheureusement fort répandu dans les entreprises de France et de Navarre, permet de dégager quelques idées clés :
- il n'y a rien de pire que l'indifférence,
- recevoir des signes de reconnaissance est vital,
- je préférerais recevoir des signes de reconnaissance négatifs plutôt que pas du tout.

L'initiative du processus motivationnel appartient, en tout cas à l'origine, au seul hiérarchique.

Pour ces différentes raisons, nous vous engageons à mettre en œuvre un **MANAGEMENT DU SUCCÈS : donner des signes de reconnaissance positifs directs.**

APPRENEZ À PRENDRE LES GENS EN FLAGRANT DÉLIT DE BIEN FAIRE !

Quelques conseils utiles pour exprimer efficacement une reconnaissance positive directe, un compliment qui porte, un signe de reconnaissance :
- c'est une appréciation appropriée,
- sincère,
- fondée sur des faits,
- dosée, adaptée à la personne et à sa réussite.

Il existe en effet de fausses reconnaissances qui sont démagogiques et de l'ordre de la flatterie. Elles produisent alors l'effet contraire à l'effet recherché.

Nous pouvons classer les signes de reconnaissance en quatre catégories, selon qu'ils sont positifs ou négatifs, centrés sur les faits ou la personne (figure 9.5.).

Signe de reconnaissance positif inconditionnel	J'aime travailler avec vous, je ne sais pas exactement pourquoi	*centré sur la personne*
Signe de reconnaissance positif conditionnel	J'ai apprécié la clarté de votre exposé et la rigueur du raisonnement	*centré sur les faits*
Signe de reconnaissance négatif inconditionnel*	Vous êtes méprisable et je n'ai rien à faire avec vous...	*centré sur la personne*
Signe de reconnaissance négatif conditionnel	Je n'aime pas votre façon de traiter ce problème...	*centré sur les faits*

Figure 9.5. Les signes de reconnaissance

* Un responsable évite de donner des signes de reconnaissance négatifs inconditionnels.

Quelques actions simples
- félicitez même un résultat partiel,
- félicitez même ce qui est normal et pas seulement la performance exceptionnelle,
- félicitez tout de suite, à chaud,
- apprenez à considérer davantage les aspects positifs des collaborateurs plutôt que leurs aspects négatifs,
- osez féliciter même maladroitement, mais sincèrement,
- ne félicitez pas tout le monde en même temps,
- **constatez les conséquences positives.**

C'est la spirale du succès. Le succès entraîne le succès et développe l'estime de soi. Celle-ci suscite l'envie d'aller plus loin, de progresser encore, de développer ses compé-

Soutenir la motivation sans pouvoir augmenter les salaires

tences. La reconnaissance formelle (sous différentes formes) par l'entreprise agit comme une boucle de rétroaction positive ; c'est pourquoi l'on peut s'étonner, de façon légitime, du cruel manque de signes de reconnaissance, à l'aube de l'an 2000 dans l'entreprise française !

7.1 – Donner des signes de reconnaissance positifs indirects

S'il est évident que donner des signes de reconnaissance positifs directs renforce la confiance en soi, l'estime de soi de vos collaborateurs, et leur donne envie d'aller plus loin ; toutes les situations de la vie professionnelle ne permettent pas de le faire.

Cependant, il existe d'autres façons de reconnaître ses collaborateurs : ce sont les signes de reconnaissance indirects.

Faites le point sur votre mode de gestion des signes de reconnaissance indirects

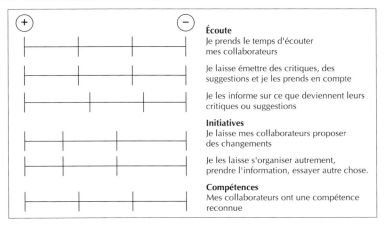

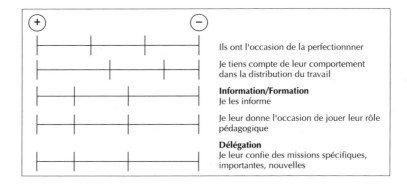

Que constatez-vous après ce bilan ?

Quelle amélioration de reconnaissances positives indirectes aurait le plus d'impact sur votre équipe ?

Quelle reconnaissance vous paraît-il important de développer ?

7.2 – *Les reconnaissances positives indirectes*

– Écouter les collaborateurs tranquillement et tenir compte de leurs avis est une des reconnaissances positives les plus fortes. C'est reconnaître l'expertise de quelqu'un, reconnaître la qualité d'une argumentation, d'un raisonnement, d'une méthode, d'une solution.
– Encourager les initiatives.
– Demander leur avis aux collaborateurs.
– Leur donner l'occasion de former et d'expliquer, à d'autres collègues, au cours de réunions de travail.
– Déléguer quelque chose de difficile et d'intéressant, c'est donner à quelqu'un l'occasion de faire la preuve de sa compétence, de sa capacité à s'adapter, à surmonter les difficultés.

- Rechercher l'expression libre des collaborateurs.
- Confier des responsabilités nouvelles.

7.3 – Reconnaître ses erreurs

Certains responsables, et notamment les jeunes sortis frais émoulus des écoles, considèrent qu'il convient de ne pas montrer ses faiblesses, de ne pas prêter le flanc, sous peine de perdre sa crédibilité. Aussi adoptent-ils des comportements de dénégation de toute erreur qu'ils auraient pu commettre pour chercher à reporter la faute sur un quelconque collaborateur. Celui-ci se voit alors convaincu, taxé de négligence, voir d'incompétence. Ce comportement, plus fréquent encore de nos jours qu'on ne pourrait le croire, a des conséquences désastreuses sur leur image et sur leurs relations à venir avec l'équipe. Ainsi en voulant « se blanchir », ils détruisent, pour un temps certain, le capital confiance qu'ils avaient accumulé et font de la sorte la preuve de leur manque de courage devant leur hiérarchie.

Être responsable, c'est savoir prendre certains risques et assumer ses erreurs. Votre crédit n'en sera que plus grand et la confiance de votre équipe plus fiable.

En outre reconnaître ses erreurs permet d'accepter plus aisément celles des autres, et prend une fois encore valeur d'exemple. La congruence, c'est aussi cela.

Comment un collaborateur pourrait-il venir vous prévenir de l'erreur qu'il vient de commettre, quand il connaît vos réactions dans ce type de situation (de dénégation, de recherche du coupable) ?

« Là où la crainte existe, les chiffres sont faux. »

Si l'erreur est vécue comme « une étape sur le chemin de la réussite » et a valeur d'exemple pour tirer les leçons de l'expérience, la réaction pourra être immédiate. Si tel n'est pas le cas, il sera trop tard pour agir et les conséquences auront une autre incidence. Rappelons que sans le droit à l'erreur, dans les faits et pas seulement dans les mots, responsabilisation, autonomie et initiative sont illusoires.

7.4 – Ce qu'il est possible de faire en tant que responsable sans bouleverser les structures

1 – Manager ses collaborateurs directs seulement.
2 – Définir chaque année, pour chaque collaborateur, des missions et des objectifs prioritaires.
3 – Situer le poste et la fonction de chacun dans l'ensemble des activités de l'entreprise.
4 – Définir des règles du jeu claires et précises.
5 – Sanctionner les « hors-jeu » dans le métier ou les relations.
6 – Associer l'équipe au bilan effectué et aux possibilités d'amélioration de la productivité et de la qualité.
7 – Faire le point sur les résultats des actions et faire comprendre les conséquences des erreurs et des réussites.
8 – Assister ses collaborateurs en cas de difficultés par des mesures et des actes concrets.
9 – Favoriser au maximum les procédures d'auto-contrôle.
10 – Développer l'autonomie en diversifiant les tâches, en déléguant, en confiant des responsabilités.

11 – Privilégier les entretiens individuels aux entretiens de groupe.
12 – Féliciter les personnes qui expriment leurs idées et encourager en public les innovateurs.
13 – Expliquer à leurs auteurs pourquoi une idée a été retenue ou pas.
14 – Favoriser formation et perfectionnement.
15 – Prévenir à temps tous les collaborateurs des changements en cours et à venir.
16 – Faire des remarques négatives sur le travail et non sur les personnes quand les résultats sont mauvais.
17 – Faire des compliments quand les résultas sont bons.
18 – Gérer et développer sa propre motivation.

La logique de l'obéissance est remplacée par la logique de la responsabilité, de l'initiative et de l'innovation.

Le rôle du responsable direct

Le rôle du N + 1 dans la motivation de ses collaborateurs, et par voie de conséquence dans les résultats de son équipe, est donc primordial.

C'est à lui qu'il appartient :
- de faire le premier pas pour mieux connaître ses collaborateurs,
- de créer, par son **comportement quotidien** et son **engagement personnel**, les conditions de la motivation,
- d'offrir à chacun, en fonction de ses compétences et de son autonomie, des « **terrains d'aventures** » (responsabilités nouvelles, prises de décision) propres à susciter l'engagement,

- de mettre en œuvre un management du succès basé sur la valorisation des points forts et des réussites,
- de susciter l'initiative et la responsabilité en donnant à chacun le pouvoir et les **moyens** de se réaliser.

C'est donc vers un management total qu'il faut tendre. La réussite de celui-ci passe, d'abord et avant tout, par des changements de comportements quotidiens beaucoup plus que par des réformes de structures, inéluctablement vouées à l'échec sans changements factuels des managers.

8 - Se connaître et s'accepter

8.1 – Entretenir ses propres motivations

Pour mobiliser ses collaborateurs et développer leurs motivations, il est nécessaire que le responsable hiérarchique soit lui-même motivé. Lutter contre votre propre démoralisation et entretenir vos propres motivations sont donc une priorité managériale :

a) Se connaître soi-même et entretenir la confiance en soi

- *Connaître son tempérament et s'accepter soi-même : être positif ou tout au moins bienveillant vis-à-vis de soi-même.*
  Exemples
  Paul sait qu'il est plutôt directif dans sa manière d'animer son équipe. De ce fait, certains le craignent et n'osent pas émettre leurs idées ; mais tous apprécient la sécurité qu'il y a à travailler avec lui : « C'est simple, on sait bien ce que l'on a à faire, ce qu'il n'aime pas. »

Soutenir la motivation sans pouvoir augmenter les salaires

Bernard, lui, a des tendances participatives : on lui reproche parfois un certain laisser-faire ; mais tout le monde s'accorde à reconnaître ses talents à créer la confiance et l'enthousiasme.

Pas de doute sur soi-même, pas de culpabilisation excessive, plutôt une bonne capacité à être soi-même : voilà la base de la motivation.

– *Faire le point sur ses compétences et ses réalisations*
La vie quotidienne, la routine peuvent faire oublier à chacun ses richesses, ses aptitudes ou les banaliser.
Une fois par an, chaque salarié a intérêt à faire le point de ses compétences en termes de :
- savoir (connaissances pures),
- savoir-faire (capacité à réaliser une tâche technique, administrative).

Cela peut permettre, en parallèle, de réactualiser son *curriculum vitae* et ainsi de mesurer les progrès réalisés chaque année.

Chaque semaine, chacun peut noter deux ou trois actions dont il est satisfait pour chasser l'impression « de n'avoir rien fait » ou « d'avoir fait comme d'habitude », et pour ancrer dans sa mémoire ses réussites.

b) *Repérer ses motivations et aspirations au travail et les satisfaire*

Il s'agit de se centrer plus spécifiquement sur ses besoins propres et de les repérer en se posant une question du type :
– Est-ce que je suis plutôt sensible :
- à un mieux être (horaires plus faciles, ambiance plus agréable, bureau plus spacieux),
- à l'acquisition d'un savoir (apprentissage de la gestion, connaissance d'un autre service de l'entreprise,

de la méthode de fabrication des matières premières utilisées dans ma société),
- à l'exercice d'un pouvoir (traiter seul les réclamations des clients, décider de certains investissements),
- aux augmentations de salaire ?

Ces différents besoins existent chez chacun d'entre nous ; mais une personne ressent une priorité de besoin de mieux-être, une autre celui de pouvoir, une troisième celui du salaire. Connaître notre besoin le plus « exigeant » est primordial si on veut être acteur dans la gestion de sa motivation.

c) Trouver des réponses pour combler ses aspirations

L'adéquation entre le vécu de la vie professionnelle et ses aspirations personnelles est un travail de tous les jours. Nos besoins évoluent vite ; dès que l'un d'eux est satisfait, un autre se manifeste. Le contenu et le contexte de travail sont également l'objet d'une évolution fréquente.

L'observation des « champions en motivation » montre qu'ils sont à l'écoute de leurs propres frustrations et très soigneux à les traiter.

8.2 – Gérer les frustrations

En regardant leur manière de faire, on peut formaliser la démarche suivante :

a) Transformer une frustration en problème à résoudre, puis en objectif à atteindre

Exemples
Charles a l'impression d'être absorbé par son travail quotidien ; il a l'impression de devenir bête. Quel projet

pourrait le sortir de sa routine ? La direction de son entreprise parle de mettre en place l'auto-contrôle. Il demande que son service soit le service-test. Ce nouveau projet le sort du quotidien.
Didier souffre d'un hiérarchique trop absent, peu disponible. Son objectif, aujourd'hui, est d'obtenir, avec lui, un entretien d'au moins deux heures par mois.

b) Savoir fonctionner par projet

Une manière de mobiliser son énergie est d'avoir toujours en tête et en route un projet. Il s'agit ensuite de le mettre en œuvre jusqu'au bout (de ne pas tomber dans le piège d'en démarrer plusieurs à la fois et de ne rien achever), de le réussir et de fêter son succès (considérer l'aboutissement d'un projet professionnel comme normal empêche de se nourrir de sa réussite).

c) Être exigeant dans sa relation quotidienne aux autres pour défendre la gestion de son temps

Fonctionner par projets nécessite :
- d'oser demander : par exemple d'être le service-test pour l'auto-contrôle ou d'être responsable de l'écriture des procédures ;
- de savoir dire non, quand un supérieur ou un collègue veulent vous donner un travail qui ne vous revient pas et/ou vous rebute ;
- de savoir négocier de nouveaux objectifs et de nouvelles responsabilités.

> – Se connaître et s'accepter
> – Entretenir la confiance en soi :
> compétences et réalisation
> – Repérer ses principales motivations au travail
> et les satisfaire
> – Traiter les frustrations
> – Fonctionner par projets
> – Être exigeant dans sa réalisation quotidienne avec
> les autres et dans sa gestion du temps

Pour terminer ce chapitre sur la motivation, nous vous proposons un exemple concret de ce que l'on peut faire pour susciter la motivation dans une entreprise en état de crise.

9 - La problématique du défi

Face au défi de la concurrence, comment réagissent les entreprises ?

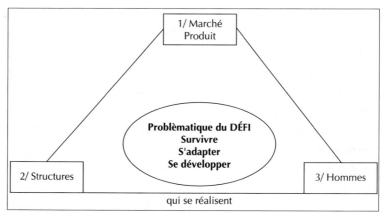

Figure 9.6. La problématique du défi

1) Elles investissent sur de nouveaux produits, voire sur de nouveaux marchés (diversification).
2) Pour s'adapter, elles mettent ensuite en œuvre des réformes de structures (diminution du nombre d'échelons hiérarchiques, création de nouveaux services).
3) C'est dans un troisième temps qu'elles se posent la question de savoir comment faire avec les hommes pour qu'ils acceptent ces changements.

Les réponses sont le plus souvent des réponses en termes de formation.

Les salariés sont donc rarement intégrés, invités à participer, à donner leur avis quant au processus de changement mis en œuvre. Et l'on se trouve alors face à des résistances qui apparaissent ici ou là ; la motivation ne suit pas.

Pour être performante une entreprise a besoin :

au lieu de cela, la plupart se plaignent de n'avoir que :

- d'activité ⇨ – de la passivité
- d'innovation ⇨ – de la routine
- d'enthousiasme ⇨ – de la docilité
- de dynamisme ⇨ – de l'inhibition de l'action
- Tant que les ressources humaines seront considérées comme la cinquième roue du carrosse, le problème de la motivation persistera. L'efficacité d'un changement, quel qu'il soit, passe avant tout par les hommes. Gérer les ressources humaines de l'entreprise ne peut plus correspondre à faire passer les changements structurels

et/ou technologiques en douceur, en donnant priorité à la productivité ; mais au contraire à utiliser le ferment que constituent les professionnels de l'entreprise comme élément premier et essentiel de la réussite des changements structurels et/ou technologiques (Figure 9.6.). Ce changement de paradigme, pour évident qu'il soit abstraitement, rencontre bien des difficultés, des résistances pour passer dans les faits.

Point n'est besoin de donner d'exemples.

Les entreprises, quels que soient leur taille et leurs secteurs d'activités, où la priorité est encore donnée à la technologie ou aux structures dans les changements mis en œuvre, pullulent. L'inverse est plus rare, mais existe.

10 – Le cas X ou motiver en état de crise

10.1 – État des lieux

PMI de 400 personnes, sous-traitant des grands constructeurs automobiles, l'entreprise X, au bord du dépôt de bilan est rachetée par un groupe Y. Le directeur général, nouvellement nommé, homme d'expérience et de terrain, procède à l'état des lieux.

L'absence de stratégie des dirigeants précédents a amené l'entreprise à faire tout et n'importe quoi. L'image de marque de l'entreprise sur le marché est au plus bas (productivité faible - qualité faible - les constructeurs n'ont pas confiance).
– Les banques ne suivent plus depuis longtemps, elles n'ont plus confiance.

- Le parc matériel est obsolète et mal entretenu.
- Le niveau de qualification du personnel est en moyenne assez bas, malgré la présence de quelques professionnels réels mais qui ont depuis longtemps baissé les bras.
- Le personnel, quoique désorienté, est sceptique, certes, mais pas nécessairement résigné.
- L'état des forces et faiblesses de l'entreprise étant fait, la direction générale fait appel à nous.

Objectif : dans un délai de deux ans, remettre l'entreprise en route grâce à la certification qualité obtenue. La qualité devient un moteur de mobilisation et de compétitivité. Il faut donner des challenges aux gens.

10.2 – Le processus mis en œuvre

- Dès le départ, la direction générale rassemble l'ensemble du personnel et énonce son objectif premier : remettre l'entreprise à flot d'ici deux ans maximum.
- L'élément essentiel de la réussite défini par la direction est le suivant : « Priorité au personnel : nous réussirons ensemble ou nous mourrons ensemble. La réussite passera par vous et pour vous ! »

Dans les trois mois qui suivent, par petits groupes de douze à quinze personnes, l'ensemble des salariés est amené, avec la direction générale et le consultant, à faire l'état des lieux de l'entreprise et du service d'appartenance.
- Les résultats financiers sont donnés et expliqués à chacun.
- L'objectif est rappelé.

- Les forces et faiblesses de chaque service sont analysées avec les participants et un plan d'action à court terme (trois mois) est défini avec les intéressés (les réunions durent une heure maximum. Il en faudra trois par groupe pour aboutir à l'action).
- Le suivi et le conseil pour chaque plan d'action sont assurés par le consultant.
- Tous les trois mois, les objectifs sont réactualisés en fonction des progrès accomplis.
- L'objectif est simple : faire progresser chaque service à petits pas, c'est-à-dire sans rupture à quelque niveau que ce soit (technique, structurel, relationnel) ; mais en intégrant une sorte de formation continue, tout au long du processus, afin de permettre à tous et à chacun de faire évoluer sa fonction, sa productivité, la qualité de son travail sans heurts et sans changement majeur avec pour ligne de mire les objectifs de l'entreprise.
- Progressivement, au travers d'actes, de comportements **quotidiens le changement devient la normalité**. Les esprits, les mentalités changent.
- Bien sûr tout n'est pas pour le mieux dans le meilleur des mondes et ce travail de « fourmis » demande à chacun un investissement personnel important (certains ne s'y résoudront pas).
- Il faut progressivement :
  - développer sa polyvalence,
  - accepter de prendre les décisions qui sont de son ressort,
  - assumer ses erreurs,
  - apprendre à travailler ensemble (ce qui suppose des conflits),

Soutenir la motivation sans pouvoir augmenter les salaires

- apprendre à dire non et à accepter qu'on vous dise non,
- ne plus conserver toute l'information pour soi et la donner à tous et au plus vite (ce qui n'est pas simple),
- mettre en œuvre l'auto-contrôle,
- voir son pouvoir discuté.

– Chaque responsable d'équipe (agents de maîtrise ou faisant fonction), chaque responsable de service (cadres) a comme objectif prioritaire de devenir formateur et informateur.

Tous et chacun sont ainsi amenés à abandonner progressivement, ce qui jusqu'ici légitimait leur fonction, la production, au profit de nouveaux rôles, de nouveaux comportements dans lesquels il faut trouver ses marques.

– Ainsi en même temps que les objectifs, les fonctions évoluent, les visions changent...

Chaque mois, les salariés sont informés des résultats de l'entreprise. De façon concomitante des investissements de l'appareil de production sont réalisés ainsi que des recrutements de personnels plus qualifiés (en nombre limité cependant). Dans un souci financier, mais aussi de cohérence par rapport au processus mis en œuvre, les investissements du parc matériel sont faits à partir de la compétence et du savoir-faire des opérateurs. Ainsi il ne s'agit plus d'acheter les machines les plus performantes sur le marché, mais d'acheter, parfois chez des confrères, les machines que les opérateurs sauront le mieux utiliser avec une formation minimum.

– Partis il est vrai d'assez bas, les résultats ne se font pas attendre :
  - la productivité et la qualité augmentent de façon sensible,

- le taux de rebuts diminue de façon importante (de 8 à 3 %), le taux de retouches également,
- grâce à la formation sur le terrain et aux investissements matériels, l'entreprise peut fabriquer des pièces plus importantes et plus fines (donc à valeur ajoutée plus forte),
- sa compétitivité augmente, et de nouveaux marchés s'ouvrent à elle,
- les constructeurs (français et même étrangers) reviennent,
- la confiance des banques également.

Ces résultats n'auraient jamais été obtenus sans une implication très forte de l'ensemble du personnel ; aussi la politique salariale est-elle revue. À la fin de la première année, une prime exceptionnelle est attribuée à chaque salarié. À la fin de la deuxième année, intéressement et participation sont mis en place. À la fin de la troisième année, une seconde usine est achevée de construire. Elle est opérationnelle trois mois plus tard.

10.3 – Quelles leçons tirer de cette expérience ?

– Gérer le changement en état de crise peut être un avantage.
– L'objectif a été clairement défini pour tous.
– L'intégration de l'ensemble du personnel, dès le début de l'action, a été primordiale.
– L'élément central du processus de changement a été le personnel (exemple : achat de matériel en fonction des compétences).
– Le changement a été mis en œuvre de façon continue et progressive (politique des petits pas par objectifs, revue tous les trois mois).

- Le suivi mis en œuvre s'est attaché à mettre en avant les progrès (plus que les difficultés) réalisés sur le court terme, en conservant comme ligne de mire l'objectif final.
- L'ensemble de l'encadrement a été congruent tout au long de l'action et s'est engagé personnellement.
- L'évolution de l'entreprise s'est faite de façon systémique (nouvelle politique formation - nouvelle politique salariale).
- Créer les conditions de la motivation suppose de mettre en œuvre un management cohérent avec le fait de mobiliser l'intelligence (petits groupes de travail responsables = formateurs).
- Motiver le personnel nécessite d'investir du temps.
- La formation peut et doit être un outil de changement dans l'entreprise.
- La qualité est un moteur pour la mobilisation du personnel et la compétitivité de l'entreprise.

10

Développer le rôle pédagogique de l'encadrement

Sur un marché mutant à faible lisibilité, marqué par une évolution de plus en plus rapide des technologies, assurer la survie, l'adaptation ou la pérennité de l'entreprise est un pari qui, pour être victorieux, suppose une condition fondamentale : « *Prendre conscience que le développement des compétences est au cœur de la compétition économique*[1]. »

Il s'agit pour les responsables d'en prendre conscience et d'en tirer les conséquences et décisions qui en découlent. Nous allons voir comment.

---

1. Cannac (Y.) et la CEGOS, *La bataille de la compétence*, Éditions Hommes et Techniques, Paris, 1985.

1 - L'entreprise formatrice

Faire de l'entreprise un lieu de formation au quotidien est un enjeu stratégique pour tout chef d'entreprise. C'est à lui qu'il incombe :
- de créer l'étincelle ;
- de faire émerger un nouvel état d'esprit, une nouvelle approche de la formation dans et par l'entreprise. Celle-ci doit susciter l'envie, chez chacun, de développer ses compétences professionnelles, non pas pour s'adapter et suivre les changements mais pour les précéder, les anticiper. Pour ce faire, elle devra inventorier, parfois débusquer, les gisements de compétences trop souvent encore mal exploités ou inexploités ;
- de définir des projets porteurs dans lesquels ces compétences pourront être partagées puis améliorées (exemple : améliorer la qualité des produits) ;
- de décider des politiques d'accompagnement (quelle politique de formation ? quelle évaluation des résultats ? quelle politique de gestion des carrières et emplois ? qui influencera, pour une large part, l'attitude des salariés envers le développement de leurs compétences et concrétisera, du même coup, l'importance que la direction y accorde ou pas (volonté réelle ou langue de bois ?) ;
- d'impliquer l'ensemble de l'encadrement dans la définition des besoins, dans la mise en œuvre de la formation elle-même, dans l'évaluation de celle-ci ainsi que dans son rôle pour développer l'autonomie de ses collaborateurs.

Tout cela suppose que la direction de l'entreprise considère le développement des compétences profession-

Développer le rôle pédagogique de l'encadrement

nelles comme un enjeu majeur qui légitime, par le fait même, un investissement (financier, temporel...) aussi important que les autres grandes fonctions de l'entreprise. « *La formation devient ainsi le relais de la stratégie de l'entreprise[2].* »

2 – Formaliser le rôle pédagogique de l'encadrement[3]

Dans un certain nombre d'entreprises déjà, on proclame haut et fort l'importance que l'on accorde au rôle pédagogique de l'encadrement. Celui-ci prend, selon les cas, différentes formes :
- tutorat/compagnonnage,
- formation en alternance,
- formation dispensée par les cadres dans les universités d'entreprises.
– Si la plupart des cadres se déclarent volontaires et intéressés par cette nouvelle responsabilité et démarche, vous êtes unanimes pour déplorer certains manques qui nuisent à votre efficacité dans ce nouveau rôle.
– « La charge de travail qui nous incombe n'a pas diminué, bien au contraire. On n'a pas le temps de tout faire ! » Aussi ce nouveau rôle passe-t-il souvent au second plan. La priorité reste à la production.

---

2. Vincent (C.), *La formation, relais de la stratégie de l'entreprise*, Les Éditions d'Organisation, Paris, 1990.
3. Auriol (P.), *Le rôle pédagogique de l'encadrement*, Éditions ESF, Paris, 1992.

- « Vouloir former les gens, c'est bien. Mais moi, je n'ai jamais été formateur. Comment savoir si je m'y prends bien, si je suis efficace. » L'absence de formation à la pédagogie peut donc être un frein important.
- « Ça ne nous rapporte rien. C'est du travail en plus. J'espère qu'au bout du compte l'entreprise saura s'en souvenir. »
- « C'est bien beau de former les gens, de développer leurs compétences, d'augmenter la polyvalence. Mais après, comment gérer leurs réclamations de primes de promotions. »

Toutes ces remarques et interrogations, légitimes d'ailleurs, illustrent bien les difficultés rencontrées par les responsables prêts à jouer le jeu ; ainsi que la double contrainte dans laquelle vous vous trouvez en tant que responsable d'une équipe d'un côté (avec des moyens d'agir) et pédagogue d'un autre (sans moyens cette fois).
- Ainsi, si l'on reconnaît que l'un des rôles majeurs d'un responsable consiste à **faire faire** et à **faire grandir** ses collaborateurs, il apparaît clairement que, **dans les faits**, les moyens ainsi que la reconnaissance réelle de cette fonction pédagogique font cruellement défaut et représentent un frein majeur **à la mise en acte** et à l'efficacité d'un tel processus.

3 – Structurer la fonction pédagogique

Demander à un responsable de développer son rôle pédagogique, c'est préciser avec lui les étapes clés du processus qu'il devra mettre en œuvre, ainsi que les résultats attendus de son action. C'est permettre à chacun de mieux s'y retrouver et d'être plus efficace.

Mettre en œuvre la fonction pédagogique c'est :
- analyser les besoins des collaborateurs,
- former,
- évaluer les résultats.

3.1 – Analyser les besoins des collaborateurs

Le responsable direct est, à notre avis, le mieux placé pour analyser les besoins en formation de ses collaborateurs. Vous pouvez, au quotidien, repérer, dans les faits, les points forts ainsi que les points à améliorer de tel ou tel membre de votre équipe.

Vous connaissez la stratégie de l'entreprise ou du moins les orientations décidées pour votre secteur. Vous êtes au fait des besoins, opinions et motivations de votre personnel. Il vous est alors aisé, en collaboration avec l'intéressé, de décider des axes de formation en mettant en concordance les objectifs de votre collaborateur et ceux de l'entreprise, du service. Rappelons, à l'occasion, que l'entretien d'appréciation est un moment privilégié pour effectuer ensemble cette démarche. Manager et collaborateur définissent ensuite les objectifs pédagogiques à atteindre (en termes de savoir, savoir-faire, savoir être) ainsi que la forme de l'action de formation la plus appropriée : formation sur le tas, en alternance, université d'entreprise, extérieur, etc.

La formation prend alors un sens. Elle est perçue comme utile, car permettant de résoudre des problèmes concrets du quotidien.

Développer la responsabilisation et la motivation au travail passe, également, on l'oublie trop souvent, par le fait d'amener chacun à se sentir responsable et donc à choisir son développement professionnel. Manager et collaborateur deviennent ainsi **coresponsables** (*exemple : Le Projet Professionnel Personnalisé à E.D.F.*).

3.2 – Former

Dans l'hypothèse où la forme de l'action retenue correspond à une formation dans l'entreprise ou le service, vous vous poserez les questions suivantes :
- Eu égard aux objectifs fixés, que s'agit-il de faire exactement ?
  - donner une information claire,
  - former à un savoir, savoir-faire, savoir être.
- Quelle est la personne la plus compétente dans ce domaine ?
- Quelle est la personne la plus pédagogue dans ce domaine ?

La personne retenue (peut-être le responsable lui-même) mettra ensuite en place une formation respectant les principes suivants :
- L'adulte apprend d'abord pour **AGIR** (faire quelque chose de pratique, de nouveau, conserver sa place, améliorer sa situation).
- L'adulte est soucieux de l'**UTILE**. La formation doit donc partir des situations de travail vécues quotidiennement pour faire découvrir la nature et les causes exactes des problèmes qui s'y posent, pour entraîner à les résoudre.

Développer le rôle pédagogique de l'encadrement

- L'essentiel n'est pas ce qui est appris, mais ce qui est pratique dans la vie de tous les jours. Aussi faut-il mettre en pratique l'alternance entre formation et application.
- L'adulte a besoin de connaître les objectifs à atteindre et de pouvoir évaluer les étapes qui le mènent à ces objectifs.
- Il a horreur de l'échec. La pédagogie de la réussite est donc préférable à celle des essais et erreurs.

3.3 – Évaluer les résultats

- L'évaluation d'une formation sur le terrain se mesure, selon nous, **à la qualité du travail accompli**.
  Ainsi, un conducteur régleur ne sera véritablement formé que lorsque celui-ci :
  - connaîtra la théorie de la conduite et du réglage (connaissances des signaux émis par la machine, des réponses adaptées : savoir),
  - en aura acquis la pratique (être capable de reconnaître ces signaux et de les reprendre au moment voulu : savoir -faire),
  - manifestera des attitudes positives : sens des responsabilités, conscience professionnelle à l'égard de son travail (respect des consignes de sécurité, d'entretien, qualité de la production : savoir être, autonomie).
- Les erreurs possibles doivent être utilisées comme aide au suivi de la formation.

  a) Chercher à cerner où se situe l'erreur :
  - analyser en détail chaque phase du raisonnement mis en œuvre,
  - se demander, à chaque fois, à quoi correspondent les opérations effectuées.

b) Interpréter le sens de l'erreur ou de la difficulté :
- chercher pourquoi elle a été commise : incompréhensions théoriques, techniques, opératoires,
- quelles facultés ont fait défaut dans la situation : attention, jugement, mémoire.

On le comprend aisément, l'évaluation d'une action de formation ne peut se faire que à partir d'une définition précise des objectifs de formation à atteindre et des critères d'appréciation de la réussite.

À quoi saurons-nous, verrons-nous que vous maîtrisez telle ou telle opération, manipulation ?

4 – Les conditions de la réussite

Le développement du rôle pédagogique de l'encadrement rencontre, nous venons de le voir, des oppositions organisationnelles et humaines. C'est pourquoi, il importe non seulement de structurer la fonction pédagogique, mais peut-être et surtout, de créer les conditions de la réussite pour sa mise en œuvre.

4.1 – Du temps pour un nouveau rôle

Développer le professionnalisme de ses collaborateurs nécessite du temps et une disponibilité beaucoup plus importante, qu'elle ne l'est à l'heure actuelle, de la part du responsable. Temps et disponibilité (éléments qualitatifs dans notre propos) impliquent que vous soyez progressivement détachés de la production pure et dure, tout en conservant un rôle de synthèse, pour pouvoir vous consacrer efficacement à ce nouveau rôle. Cela suppose une nouvelle organisation du travail, basée sur la responsabilisation et l'autonomie de chacun des membres de l'équipe.

Les résistances dans les mentalités comme dans les faits sont fortes : tant de la part des directions et peut-être plus encore des intéressés eux-mêmes (qui trouvent leur légitimité dans la production) ; mais c'est à ce prix que le professionnalisme de l'entreprise pourra évoluer !

Située dans ce contexte, et assortie de ces moyens, la fonction pédagogique de l'encadrement prend tout son sens. Cependant, sa reconnaissance n'est pas encore affirmée.

4.2 – Reconnaître la fonction pédagogique

Le rôle pédagogique de l'encadrement ne prendra sa pleine mesure et son efficacité réelle que lorsque les responsables, premiers formateurs de leurs collaborateurs, seront **appréciés**, **évalués**, sur la façon dont ils exercent ce rôle et sur leurs résultats. Seule cette reconnaissance institutionnelle peut lui donner sa légitimité et susciter les changements de mentalités et de comportements attendus.

Cependant, réduire le rôle pédagogique de l'encadrement au seul développement des compétences techniques serait commettre une erreur. La fonction pédagogique est une fonction transverse qui doit imprégner tous les actes du responsable. Et puisque manager c'est, d'abord et avant tout, **FAIRE GRANDIR** ses collaborateurs ; à vous de savoir transformer les situations de management dans lesquelles vous êtes impliqués (réunions, entretiens d'appréciation, conduite de projet...) en opportunités pédagogiques, en **rite d'initiation** à l'initiative et à la responsabilité.

En gardant toujours à l'esprit ce réflexe :

« À qui profite le crime ? » c'est-à-dire pour qui cette situation serait-elle la plus pédagogique, la plus profitable. Vous devenez le **DÉTECTIVE** de la responsabilité, **le SHERLOCK HOLMES** de l'initiative.

Ainsi, responsabiliser, déléguer des missions nouvelles, aider à prendre des décisions délicates, développer l'autonomie, amener chacun à devenir de plus en plus propriétaire de ses difficultés, sont des situations à valeur éducative forte qu'il convient de considérer comme des outils du développement du professionnalisme de vos collaborateurs.

En proposant aide et conseil tout au long de l'action, et en évaluant avec l'intéressé les acquis, les progrès accomplis (en termes de savoir, savoir-faire, savoir être, confiance en soi...), vous assumerez pleinement votre rôle :

Être le *coach* de la réussite
de l'entreprise et des hommes !

Ces cinq chapitres sur les responsabilités centrées sur la communication vous en ont exposé les principes d'action et les techniques. La maîtrise de ceux-ci est nécessaire mais non suffisante : plus le responsable saura assumer clairement les **responsabilités centrées sur l'organisation** et plus il sera aisé pour lui de mettre en œuvre les responsabilités centrées sur la communication.

Nous sommes en effet convaincus que, dans ce domaine, les responsabilités centrées sur l'organisation servant de repères, de balises, l'efficacité du responsable dépend ensuite de sa capacité et de sa volonté à s'engager dans la relation avec ses collaborateurs.

Pour assumer plus sereinement les risques réels et supposés dans la relation avec ses collaborateurs, le manager ne peut faire l'économie d'un investissement dans une meilleure connaissance de soi, au risque de se perdre... Le mythe du manager idéal a fait long feu !
– Acceptez de ne pas tout savoir,
– Acceptez de ne pas tout savoir faire,
– Acceptez de ne pas être parfait,
pour pouvoir enfin être plus aisément, j'allais dire plus sereinement, vous-même et authentique !

Prendre des décisions logiques, rationnelles est nécessaire bien sûr ! Cependant, cette dimension cartésienne ne sert qu'un seul objectif : minimiser les risques sans pour cela jamais les anéantir.

En dix années d'expérience de consultant, j'ai côtoyé nombre de chefs d'entreprises et de cadres aux responsabilités plus ou moins importantes. À chaque fois, les uns et les autres ont mis en avant trois éléments que je considère comme fondamentaux dans la création et la pérennité d'une entreprise.

Le parallèle est possible pour un certain nombre de chefs de services ou d'unités qui sont aussi d'une certaine façon le « patron ».

- « **L'intuition de l'instant** »
  Ressentir, pressentir, sentir avant les autres le produit, le service qui va marcher et faire confiance à cette intuition. Toutes les grandes décisions trouvent leur naissance et leur gestation dans l'intuition. Celle-ci sert également dans la relation.
- Ensuite, et ensuite seulement, analyser, évaluer, chiffrer, pour minimiser les risques.
- Enfin, et peut-être, surtout OSER. Oser aller au bout de cette intuition. Oser aller au bout de soi, sans compter, sans escompter, pour agir et mettre en œuvre. S'investir soi d'abord, avec ce que l'on est : ses peurs, ses craintes, ses forces et ses faiblesses ; pour susciter ensuite l'envie chez d'autres, de vous accompagner sur le chemin exaltant de la création et de l'action... « Réfléchir en stratège, agir en primitif », écrivait René Char.

N'est-ce pas aussi le rôle d'un manager ?

Conclusion

Encadrer une équipe suppose deux qualités : la capacité à « prendre de la hauteur » et du recul ; celle d'endosser la responsabilité des résultats de vos collaborateurs.

Vous devez non seulement assumer vos erreurs, mais encore les leurs. Procéder à leur organisation en gérant leur temps de travail, leur activité, leurs résultats. Mais c'est en vous focalisant sur demain que vous montrerez votre capacité de manager : capacité d'anticiper les changements à mettre en œuvre, à gérer les conflits potentiels sous-tendus, à rendre vos collaborateurs pro-actifs, c'est-à-dire capables de prendre des décisions et d'être force de proposition, que vous démontrerez vos compétences de responsable : celui qui fait grandir ses collaborateurs !

Bref, manager c'est faire faire aujourd'hui, mais tout en réfléchissant à comment faire mieux demain. C'est penser autrement pour agir autrement, avec pour leitmotiv de mieux répondre aux besoins de vos clients.

Séduisant challenge, non ?

Bibliographie

ARCHIER (B.), ELISSAT (O.) et SETTEN (A.), *Mobiliser pour réussir*, Le Seuil, Paris, 1989.

AURIOL (Ph.), *Le rôle pédagogique de l'encadrement*, ESF Éditeur, Paris, 1992.

CANNAC (Y.) et la CEGOS, *La bataille de la compétence*, Éditions Hommes et Techniques, Paris, 1985.

CHALVIN (D.), *L'entreprise négociatrice*, Dunod, Paris, 1984.

CROZIER (M.), *L'entreprise à l'écoute*, Le Seuil, Paris, 1989.

DIRIDOLLOU (B.), *Réussissez vos entretiens professionnels*, ESF Éditeur, 1992.

FISHER (R.). et URY (W.), *Comment réussir une négociation ?* Le Seuil, Paris, 1982.

IRIBARNE (P. d'), *La logique de l'honneur*, Le Seuil, Paris, 1989.

KEPNER et TREGOE, *La vision stratégique en action*, Les Éditions d'Organisation, Paris, 1989.

LANDIER (H.),*Vers l'entreprise intelligente*, Calmann-Lévy, Paris, 1991.

MICHEL (S.), *Peut-on gérer les motivations ?*, PUF, Paris, 1989.

MULLER (J.-L.), *La guerre du temps*, Éditions d'Organisation, Paris, 1996.

ORGOGOZO (I.), *Les paradoxes du management*, Les Éditions d'Organisation, Paris, 1991.

ORGOGOZO (I.), SERIEYX (H.), *Changer le changement*, Le Seuil, Paris, 1989.

THIÉTART (R.A.), *La stratégie d'entreprise*, MacGraw-Hill, Paris, 1988.

VINCENT (C.), *La formation, relais de la stratégie d'entreprise*, Les Éditions d'Organisation, Paris, 1990.

VINCENT (C.), *Développez votre pouvoir par l'analyse transactionnelle*, Les Éditions d'Organisation, Paris, 1988.

Composé par EDIE, Seine et Marne

Achevé d'imprimer Jouve-Paris

N° d'éditeur : 2260
N° d'imprimeur : 283035R
Dépôt légal : juin 2000
Imprimé en France